Smaki Azjatyckiej Kuchni

Kulinarna Podróż przez Tysiące Lat Tradycji

Mei Chen

TREŚĆ

Wstęp *10*
  marynowany uchowiec *11*
  gotowane pędy bambusa *12*
  Kurczak Z Ogórkami *13*
  sezam z kurczaka *14*
  Liczi z imbirem *15*
  Gotowane na czerwono skrzydełka z kurczaka *16*
  mięso kraba z ogórkiem *17*
  marynowane grzyby *18*
  Pieczarki z marynowanym czosnkiem *19*
  Krewetki i Kalafior *20*
  Paluszki szynkowe z sezamem *21*
  zimne tofu *22*
  Kurczak z boczkiem *23*
  Frytki z kurczaka i banana *24*
  Kurczak z imbirem i grzybami *25*
  kurczak i szynka *27*
  Grillowana wątróbka z kurczaka *28*
  Kulki krabowe z kasztanami wodnymi *29*
  Dim sum *30*
  Roladki z szynką i kurczakiem *31*
  Pieczone kiełki szynki *32*
  ryby pseudowędzone *33*
  Pieczarka faszerowana *35*
  Grzyby z sosem ostrygowym *36*
  Rolada wieprzowa i sałatka *37*
  Pulpety wieprzowe i kasztany *39*
  pierogi wieprzowe *40*
  Pieczona wieprzowina i wołowina *42*
  Krewetka motylkowa *43*
  Chińskie krewetki *44*
  Ciasteczka Krewetkowe *45*

chrupiące krewetki 46
Krewetki z sosem imbirowym 47
Roladki z krewetkami i makaronem 48
krewetki Toast 50
Wonton wieprzowo-krabowy z sosem słodko-kwaśnym 51
Rosół 53
Zupa z wieprzowiny i kiełków fasoli 54
Zupa z uchowców i grzybów 55
Zupa z kurczaka i szparagów 57
Zupa z wołowiny 58
Chińska zupa z wołowiną i liśćmi 59
Kapuśniak 60
Pikantna zupa wołowa 61
niebiańska zupa 63
Zupa z kurczaka i pędów bambusa 64
Zupa z kurczaka i kukurydzy 65
Zupa Z Kurczaka Imbirowego 66
Chińska zupa grzybowa z kurczakiem 67
Zupa z kurczakiem i ryżem 68
Zupa z kurczakiem i kokosem 69
Chowder z mięczaków 70
Zupa jajeczna 71
Paluszki krabowe i małże 72
zupa krabowa 74
Zupa rybna 75
Zupa rybna i sałatka 76
Zupa z kluskami imbirowymi 78
gorąca i kwaśna zupa 79
Zupa grzybowa 80
Zupa grzybowo-kapuściana 81
Zupa jajeczna z grzybami 82
Zupa kasztanowa z grzybami i wodą 83
Zupa wieprzowo-grzybowa 84
Zupa wieprzowa i rzeżucha 85
Zupa wieprzowa i ogórkowa 86
Zupa z kulkami wieprzowymi i makaronem 87

Zupa szpinakowa i tofu 88
Zupa ze słodkiej kukurydzy i krabów 89
Zupa syczuańska 90
zupa tofu 92
Zupa tofu i rybna 93
Zupa pomidorowa 94
Zupa pomidorowo-szpinakowa 95
zupa z rzepy 96
Zupa warzywna 97
zupa wegetariańska 98
zupa chrzanowa 99
Smażona ryba z warzywami 100
Cała smażona ryba 102
nad gotowaną na parze soją 103
Ryba sojowa z sosem ostrygowym 104
pod parą 106
Ryba na parze z grzybami 107
Słodko kwaśna ryba 109
Ryba faszerowana wieprzowiną 111
pikantny karp gotowany na parze 113
marynowany uchowiec 115
gotowane pędy bambusa 116
Kurczak Z Ogórkami 117
sezam z kurczaka 118
Liczi z imbirem 119
Gotowane na czerwono skrzydełka z kurczaka 120
mięso kraba z ogórkiem 121
marynowane grzyby 122
Pieczarki z marynowanym czosnkiem 123
Krewetki i Kalafior 124
Paluszki szynkowe z sezamem 125
zimne tofu 126
Kurczak z boczkiem 127
Frytki z kurczaka i banana 129
Kurczak z imbirem i grzybami 130
kurczak i szynka 132

Grillowana wątróbka z kurczaka 133
Kulki krabowe z kasztanami wodnymi 134
Dim sum 135
Roladki z szynką i kurczakiem 136
Pieczone kiełki szynki 138
ryby pseudowędzone 139
Pieczarka faszerowana 141
Grzyby z sosem ostrygowym 142
Rolada wieprzowa i sałatka 143
Pulpety wieprzowe i kasztany 145
pierogi wieprzowe 146
Pieczona wieprzowina i wołowina 147
Krewetka motylkowa 148
Chińskie krewetki 149
Ciasteczka Krewetkowe 150
chrupiące krewetki 151
Krewetki z sosem imbirowym 152
Roladki z krewetkami i makaronem 153
krewetki Toast 155
Wonton wieprzowo-krabowy z sosem słodko-kwaśnym 156
Rosół 158
Zupa z wieprzowiny i kiełków fasoli 159
Zupa z uchowców i grzybów 160
Zupa z kurczaka i szparagów 162
Zupa z wołowiny 163
Chińska zupa z wołowiną i liśćmi 164
Kapuśniak 165
Pikantna zupa wołowa 166
niebiańska zupa 168
Zupa z kurczaka i pędów bambusa 169
Zupa z kurczaka i kukurydzy 170
Zupa Z Kurczaka Imbirowego 171
Chińska zupa grzybowa z kurczakiem 172
Zupa z kurczakiem i ryżem 173
Zupa z kurczakiem i kokosem 174
Chowder z mięczaków 175

Zupa jajeczna 176
Paluszki krabowe i małże 177
zupa krabowa 179
Zupa rybna 180
Zupa rybna i sałatka 181
Zupa z kluskami imbirowymi 183
gorąca i kwaśna zupa 184
Zupa grzybowa 185
Zupa grzybowo-kapuściana 186
Zupa jajeczna z grzybami 187
Zupa kasztanowa z grzybami i wodą 188
Zupa wieprzowo-grzybowa 189
Zupa wieprzowa i rzeżucha 190
Zupa wieprzowa i ogórkowa 191
Zupa z kulkami wieprzowymi i makaronem 192
Zupa szpinakowa i tofu 193
Zupa ze słodkiej kukurydzy i krabów 194
Zupa syczuańska 195
zupa tofu 197
Zupa tofu i rybna 198
Zupa pomidorowa 199
Zupa pomidorowo-szpinakowa 200
zupa z rzepy 201
Zupa warzywna 202
zupa wegetariańska 203
zupa chrzanowa 204
Smażona ryba z warzywami 205
Cała smażona ryba 207
nad gotowaną na parze soją 208
Ryba sojowa z sosem ostrygowym 209
pod parą 211
Ryba na parze z grzybami 212
Słodko kwaśna ryba 214
Ryba faszerowana wieprzowiną 216
pikantny karp gotowany na parze 218

Wstęp

Każdy, kto lubi gotować, lubi eksperymentować z nowymi potrawami i nowymi smakami. Kuchnia chińska stała się w ostatnich latach niezwykle popularna, ponieważ oferuje różnorodność smaków. Większość potraw przygotowuje się na kuchence, a wiele z nich można szybko przygotować i przygotować, co czyni je idealnymi dla zapracowanych kucharzy, którzy chcą przygotować pyszne i atrakcyjne posiłki, gdy czas jest krótki. Jeśli naprawdę lubisz kuchnię chińską, prawdopodobnie masz już woka i jest to idealne narzędzie do przygotowania większości dań opisanych w tej książce. Jeśli nadal nie jesteś przekonany, że ten styl gotowania jest dla Ciebie, użyj dobrej patelni lub patelni, aby przetestować przepisy. Kiedy już zdasz sobie sprawę, jak łatwo jest to zrobić i jak pyszne jest jedzenie,

marynowany uchowiec

dla 4 osób

450 g / 1 funt uchowca w puszce

45 ml / 3 łyżki sosu sojowego

30 ml / 2 łyżki octu winnego

5 ml/1 łyżeczka cukru

kilka kropli oleju sezamowego

Ucho odcedź i pokrój w cienkie plasterki lub paski. Wymieszaj pozostałe składniki, polej uchowcem i dobrze wymieszaj. Przykryj i przechowuj w lodówce przez 1 godzinę.

gotowane pędy bambusa

dla 4 osób

60 ml / 4 łyżki oleju arachidowego
225 g pędów bambusa pokrojonych w paski
60 ml / 4 łyżki bulionu z kurczaka
15 ml/1 łyżka sosu sojowego
5 ml/1 łyżeczka cukru
5 ml / 1 łyżeczka wina ryżowego lub wytrawnego sherry

Rozgrzej olej i smaż pędy bambusa przez 3 minuty. Wymieszaj bulion, sos sojowy, cukier i wino lub sherry i wlej na patelnię. Przykryj i gotuj na małym ogniu przez 20 minut. Pozostawić do ostygnięcia i schłodzić przed podaniem.

Kurczak Z Ogórkami

dla 4 osób

1 ogórek, obrany i wydrążony

225 g gotowanego kurczaka, pokrojonego w paski

5 ml/1 łyżeczka musztardy w proszku

2,5 ml / ¬Ω łyżeczki soli

30 ml / 2 łyżki octu winnego

Ogórka pokroić w paski i ułożyć na płaskim talerzu. Połóż kurczaka na wierzchu. Wymieszaj musztardę, sól i ocet winny i polej kurczaka tuż przed podaniem.

sezam z kurczaka

dla 4 osób

350 g gotowanego kurczaka
120 ml / 4 uncje / ¬Ω szklanki wody
5 ml/1 łyżeczka musztardy w proszku
15 ml / 1 łyżka nasion sezamu
2,5 ml / ¬Ω łyżeczki soli
szczypta cukru
45 ml / 3 łyżki świeżej posiekanej kolendry
5 szalotek, drobno posiekanych
¬Ω główki sałaty, posiekane

Kurczaka pokroić w cienkie paski. Wodę mieszamy z musztardą tak, aby uzyskać gładką masę i mieszamy ją z kurczakiem. Na suchej patelni prażymy nasiona sezamu, aż będą lekko złociste, następnie dodajemy je do kurczaka i posypujemy solą i cukrem. Dodać połowę natki pietruszki i szczypiorku, dobrze wymieszać. Połóż sałatkę na talerzu, dodaj mieszankę z kurczakiem i udekoruj pozostałą natką pietruszki.

Liczi z imbirem

dla 4 osób

1 duży arbuz przekrojony na pół i pozbawiony nasion
450 g liczi z puszki, odsączone
5 cm łodyga imbiru, pokrojona w plasterki
trochę liści mięty

Napełnij połowę melona liczi i imbirem, udekoruj listkiem mięty. Ostudzić przed podaniem.

Gotowane na czerwono skrzydełka z kurczaka

dla 4 osób

8 skrzydełek z kurczaka
2 szalotki (nieprzezroczyste), drobno posiekane
75 ml / 5 łyżek sosu sojowego
120 ml / 4 uncje / ½ szklanki wody
30 ml / 2 łyżki brązowego cukru

Odetnij i wyrzuć kości ze skrzydełek kurczaka i przekrój je na pół. Wrzucić do garnka razem z pozostałymi składnikami, zagotować, przykryć i gotować na małym ogniu przez 30 minut. Zdejmij pokrywkę i gotuj przez kolejne 15 minut, często mieszając. Przed podaniem odstaw do ostygnięcia, a następnie wstaw do lodówki.

mięso kraba z ogórkiem

dla 4 osób

100 g mięsa krabowego, płatki
2 ogórki, oczyszczone i starte
1 plasterek korzenia imbiru, posiekany
15 ml/1 łyżka sosu sojowego
30 ml / 2 łyżki octu winnego
5 ml/1 łyżeczka cukru
kilka kropli oleju sezamowego

Umieść mięso kraba i ogórek w misce. Wymieszaj pozostałe składniki, polej mieszaniną mięsa krabowego i dobrze wymieszaj. Przykryj i wstaw do lodówki na 30 minut przed podaniem.

marynowane grzyby

dla 4 osób

225 g grzybów
30 ml/2 łyżki sosu sojowego
15 ml/1 łyżka wina ryżowego lub wytrawnego sherry
szczypta soli
kilka kropli sosu tabasco
kilka kropli oleju sezamowego

Grzyby gotuj we wrzącej wodzie przez 2 minuty, następnie przefiltruj i osusz. Umieścić w misce i zalać pozostałymi składnikami. Dobrze wymieszaj i przechowuj w lodówce przed podaniem.

Pieczarki z marynowanym czosnkiem

dla 4 osób

225 g grzybów
3 ząbki czosnku, posiekane
30 ml/2 łyżki sosu sojowego
30 ml / 2 łyżki wina ryżowego lub wytrawnego sherry
15 ml/1 łyżka oleju sezamowego
szczypta soli

Pieczarki i czosnek włóż do durszlaka, zalej wrzącą wodą i odstaw na 3 minuty. Odcedzić i dobrze wysuszyć. Pozostałe składniki wymieszać, zalać marynatą grzyby i pozostawić do marynowania na 1 godzinę.

Krewetki i Kalafior

dla 4 osób

225 g różyczek kalafiora
100 g krewetek w skorupkach
15 ml/1 łyżka sosu sojowego
5 ml/1 łyżeczka oleju sezamowego

Gotuj kalafior przez około 5 minut, aż będzie miękki, ale nadal chrupiący. Wymieszaj z krewetkami, posyp sosem sojowym i olejem sezamowym, wymieszaj. Ostudzić przed podaniem.

Paluszki szynkowe z sezamem

dla 4 osób

225 g szynki pokrojonej w paski
10 ml / 2 łyżeczki sosu sojowego
2,5 ml / ½ łyżeczki oleju sezamowego

Ułóż szynkę na talerzu do serwowania. Wymieszaj sos sojowy i olej sezamowy, posyp szynką i podawaj.

zimne tofu

dla 4 osób

450 g tofu, pokrojonego w plasterki
45 ml / 3 łyżki sosu sojowego
45 ml / 3 łyżki oleju arachidowego (orzeszki ziemne)
świeżo zmielony pieprz

Kilka plasterków tofu włóż na durszlak, zanurz je we wrzącej wodzie na 40 sekund, następnie odcedź i połóż na talerzu. Zostaw do schłodzenia. Wymieszaj sos sojowy z oliwą, posyp tofu i podawaj posypane pieprzem.

Kurczak z boczkiem

dla 4 osób

225 g kurczaka, pokrojonego w bardzo cienkie plasterki
75 ml / 5 łyżek sosu sojowego
15 ml/1 łyżka wina ryżowego lub wytrawnego sherry
1 zmiażdżony ząbek czosnku
15 ml/1 łyżka brązowego cukru
5 ml/1 łyżeczka soli
5 ml / 1 łyżeczka mielonego korzenia imbiru
225 g chudego boczku, pokrojonego w kostkę
100 g kasztanów wodnych, pokrojonych w bardzo cienkie plasterki
30 ml / 2 łyżki miodu

Umieść kurczaka w misce. Wymieszaj 45 ml/3 łyżki sosu sojowego z winem lub sherry, czosnkiem, cukrem, solą i imbirem, polej kurczaka i marynuj przez ok. Przez 3 godziny. Na patyku do kebaba ułóż kurczaka, bekon i kasztany. Resztę sosu sojowego wymieszaj z miodem i posmaruj kebabem. Grilluj ciasto(a) na rozgrzanym grillu przez około 10 minut, aż będzie ugotowane, często obracając i posmarowując większą ilością glazury w trakcie gotowania.

Frytki z kurczaka i banana

dla 4 osób

2 gotowane piersi z kurczaka
2 twarde banany
6 kromek chleba
4 jajka
120 ml / 4 uncje / ½ szklanki mleka
50 g / 2 uncje / ½ szklanki mąki zwykłej (uniwersalnej)
225 g / 8 uncji / 4 szklanki świeżej bułki tartej
olej do gotowania

Kurczaka pokroić na 24 kawałki. Plantany obierz i pokrój wzdłuż na ćwiartki. Każdą ćwiartkę przekrój na trzy części, aby uzyskać 24 kawałki. Odetnij skórkę z chleba i pokrój go na ćwiartki. Ubij jajko z mlekiem i posmaruj jedną stronę chleba. Połóż kawałek kurczaka i kawałek banana na posmarowanej jajkiem stronie każdego kawałka chleba. Cienkie kwadraty oprósz mąką, następnie zanurz je w jajku i obtocz w bułce tartej. Ponownie zanurzamy w jajku i bułce tartej. Rozgrzej olej i smaż po kilka kwadratów na złoty kolor. Przed podaniem odsączyć na papierze kuchennym.

Kurczak z imbirem i grzybami

dla 4 osób

225 g filetów z piersi kurczaka

5 ml / 1 łyżeczka proszku pięciu smaków

15 ml / 1 łyżka mąki pszennej (uniwersalnej)

120 ml / 4 uncje / ½ szklanki oleju arachidowego

4 szalotki, przekrojone na pół

1 ząbek czosnku, pokrojony w plasterki

1 plasterek korzenia imbiru, posiekany

25 g / 1 uncja / ¼ szklanki orzechów nerkowca

5 ml/1 łyżeczka miodu

15 ml/1 łyżka mąki ryżowej

75 ml / 5 łyżek wina ryżowego lub wytrawnego sherry

100 g grzybów pokrojonych w ćwiartki

2,5 ml / ½ łyżeczki kurkumy

6 żółtych papryczek chili przekrojonych na pół

5 ml/1 łyżeczka sosu sojowego

½ sok z cytryny

sól pieprz

4 chrupiące liście sałaty

Pierś kurczaka pokroić ukośnie w poprzek włókien w cienkie paski. Posypać proszkiem pięciu smaków i obtoczyć cienko mąką. Rozgrzej 15 ml / 1 łyżkę oleju i smaż kurczaka, aż się zrumieni. Zdjąć z patelni. Rozgrzej odrobinę oleju i smaż szalotkę, czosnek, imbir i orzechy nerkowca przez 1 minutę. Dodaj miód i mieszaj, aż warzywa zostaną nią pokryte. Posypać mąką, następnie dodać wino lub sherry. Dodaj grzyby, kurkumę i chili i smaż przez 1 minutę. Dodać kurczaka, sos sojowy, sok z połowy limonki, sól i pieprz, następnie podgrzać. Zdjąć z patelni i trzymać w cieple. Rozgrzewamy odrobinę oleju, dodajemy liście sałaty i szybko smażymy, doprawiamy solą, pieprzem i pozostałym sokiem z cytryny.

kurczak i szynka

dla 4 osób

225 g kurczaka, pokrojonego w bardzo cienkie plasterki
75 ml / 5 łyżek sosu sojowego
15 ml/1 łyżka wina ryżowego lub wytrawnego sherry
15 ml/1 łyżka brązowego cukru
5 ml / 1 łyżeczka mielonego korzenia imbiru
1 zmiażdżony ząbek czosnku
225 g szynki gotowanej, pokrojonej w kostkę
30 ml / 2 łyżki miodu

Do miski włóż kurczaka, dodaj 45 ml / 3 łyżki sosu sojowego, wino lub sherry, cukier, imbir i czosnek. Pozostawić do maceracji na 3 godziny. Na patyczki do szaszłyków kebabowych nakładamy kurczaka i szynkę. Resztę sosu sojowego wymieszaj z miodem i posmaruj kebabem. Smażyć ciasto(a) na rozgrzanym grillu przez około 10 minut, często je obracając i polewając glazurą podczas pieczenia.

Grillowana wątróbka z kurczaka

dla 4 osób

450 g / 1 funt wątróbki drobiowej
45 ml / 3 łyżki sosu sojowego
15 ml/1 łyżka wina ryżowego lub wytrawnego sherry
15 ml/1 łyżka brązowego cukru
5 ml/1 łyżeczka soli
5 ml / 1 łyżeczka mielonego korzenia imbiru
1 zmiażdżony ząbek czosnku

Wątróbkę drobiową gotuj we wrzącej wodzie przez 2 minuty, następnie dobrze odcedź. Włóż do miski ze wszystkimi pozostałymi składnikami oprócz oleju i marynuj przez około 3 godziny. Umieść wątróbki drobiowe na patyku do kebaba i grilluj (grill) na rozgrzanym grillu, aż się zarumienią, około 8 minut.

Kulki krabowe z kasztanami wodnymi

dla 4 osób

450 g mięsa krabowego, mielonego
100 g posiekanych kasztanów wodnych
1 zmiażdżony ząbek czosnku
1 cm/¬Ω pokrojony korzeń imbiru, posiekany
45 ml / 3 łyżki mąki kukurydzianej (skrobi kukurydzianej)
30 ml/2 łyżki sosu sojowego
15 ml/1 łyżka wina ryżowego lub wytrawnego sherry
5 ml/1 łyżeczka soli
5 ml/1 łyżeczka cukru
3 ubite jajka
olej do gotowania

Wymieszaj wszystkie składniki oprócz oleju i uformuj kulki. Rozgrzej olej i smaż kulki kraba na złoty kolor. Dobrze odcedź przed podaniem.

Dim sum

dla 4 osób

100 g obranych krewetek, pokrojonych na małe kawałki
225 g chudej wieprzowiny, drobno posiekanej
50 g bok choy, drobno posiekanej
3 szalotki (obrane), drobno posiekane
1 ubite jajko
30 ml / 2 łyżki mąki kukurydzianej (skrobi kukurydzianej)
10 ml / 2 łyżeczki sosu sojowego
5 ml/1 łyżeczka oleju sezamowego
5 ml/1 łyżeczka sosu ostrygowego
24 skórki wontonów
olej do gotowania

Wymieszaj krewetki, wieprzowinę, kapustę i dymkę. Wymieszaj jajko, olej, sos sojowy, olej sezamowy i sos ostrygowy. Rozłóż mieszaninę na środku każdej skórki wonton. Ostrożnie dociśnij opakowanie do nadzienia, tak aby krawędzie się ze sobą złączyły, ale góra pozostała otwarta. Rozgrzewamy olej i smażymy dim sumy kilka razy na złoty kolor. Dobrze odcedź i podawaj na gorąco.

Roladki z szynką i kurczakiem

dla 4 osób

2 piersi z kurczaka
1 zmiażdżony ząbek czosnku
2,5 ml / ¬Ω łyżeczki soli
2,5 ml / ¬Ω łyżeczki proszku pięciu przypraw
4 plasterki gotowanej szynki
1 ubite jajko
30 ml / 2 łyżki mleka
25 g / 1 uncja / ¬° szklanki mąki zwykłej (uniwersalnej)
Skorupki 4 bułek jajecznych
olej do gotowania

Pierś z kurczaka przekrój na pół. Ubijaj je, aż będą bardzo gładkie. Wymieszaj czosnek, sól i proszek pięciu smaków i posyp kurczaka. Na każdym kawałku kurczaka połóż plasterek szynki i mocno zwiń. Wymieszaj jajko i mleko. Cienkie kawałki kurczaka obtocz w mące, a następnie zanurz w mieszance jajecznej. Każdy kawałek ułóż na skórce bułki jajecznej i posmaruj jej brzegi roztrzepanym jajkiem. Złóż boki, a następnie zwiń, ściskając krawędzie, aby je uszczelnić. Rozgrzej olej i smaż bułki przez około 5 minut, aż będą złocistobrązowe i dobrze wysmażone. Odsączyć na papierze kuchennym, następnie pokroić w grube ukośne plastry i podawać.

Pieczone kiełki szynki

dla 4 osób

350 g mąki zwykłej (uniwersalnej)
175 g / 6 uncji / ½ szklanki masła
120 ml / 4 uncje / ¬Ω szklanki wody
225 g posiekanej szynki
100 g posiekanych pędów bambusa
2 szalotki (nieprzezroczyste), drobno posiekane
15 ml/1 łyżka sosu sojowego
30 ml / 2 łyżki nasion sezamu

Do miski wsyp mąkę i rozdrobnij w niej masło. Wymieszaj z wodą, aby uzyskać pastę. Rozwałkuj ciasto i pokrój je w koła o średnicy 5 cm. Wymieszaj pozostałe składniki oprócz nasion sezamu i nałóż po łyżce na każde kółko. Brzegi ciasta posmaruj wodą i sklej. Z zewnątrz posmaruj wodą i posyp sezamem. Piec w piekarniku nagrzanym do 180 C / 350 F / gaz 4 przez 30 minut.

ryby pseudowędzone

dla 4 osób

1 okoń morski
3 plasterki korzenia imbiru, pokrojone w plasterki
1 zmiażdżony ząbek czosnku
1 cebula dymka (cebula), pokrojona w grube plasterki
75 ml / 5 łyżek sosu sojowego
30 ml / 2 łyżki wina ryżowego lub wytrawnego sherry
2,5 ml / ¬Ω łyżeczki mielonego anyżu
2,5 ml / ¬Ω łyżeczki oleju sezamowego
10 ml / 2 łyżeczki cukru
120 ml / 4 uncje / ¬Ω szklanki bulionu
olej do gotowania
5 ml / 1 łyżeczka mąki kukurydzianej (skrobi kukurydzianej)

Rybę obierz i pokrój w 5-milimetrowe plastry w poprzek włókien. Wymieszaj imbir, czosnek, dymkę, 60 ml / 4 łyżki sosu sojowego, sherry, anyż i olej sezamowy. Polać rybę i delikatnie wymieszać. Odstawiamy na 2 godziny, od czasu do czasu obracając.

Odcedź marynatę na patelnię i osusz rybę na papierze kuchennym. Do marynaty dodać cukier, bulion i pozostały sos sojowy, doprowadzić do wrzenia i gotować na wolnym ogniu przez 1 minutę. Jeśli sos wymaga zagęszczenia, skrobię kukurydzianą zmieszaj z odrobiną zimnej wody, wmieszaj do sosu i gotuj, mieszając, aż sos zgęstnieje.

W międzyczasie rozgrzej olej i smaż rybę, aż się zarumieni. Dobrze odcedź. Zanurz kawałki ryby w marynacie, a następnie ułóż je na gorącym talerzu. Podawać na gorąco lub na zimno.

Pieczarka faszerowana

dla 4 osób

12 dużych czapek suszonych grzybów
225 g mięsa kraba
3 posiekane kasztany wodne
2 szalotki (nieprzezroczyste), drobno posiekane
1 białko jaja
15 ml / 1 łyżka mąki kukurydzianej (skrobi kukurydzianej)
15 ml/1 łyżka sosu sojowego
15 ml/1 łyżka wina ryżowego lub wytrawnego sherry

Grzyby namoczyć na noc w letniej wodzie. Naciśnij do wyschnięcia. Wymieszaj pozostałe składniki i napełnij kapelusze grzybów. Połóż na grillu i gotuj na parze przez 40 minut. Podaje się na gorąco.

Grzyby z sosem ostrygowym

dla 4 osób

10 suszonych grzybów chińskich
250 ml / 8 uncji / 1 szklanka bulionu wołowego
15 ml / 1 łyżka mąki kukurydzianej (skrobi kukurydzianej)
30 ml / 2 łyżki sosu ostrygowego
5 ml / 1 łyżeczka wina ryżowego lub wytrawnego sherry

Grzyby namoczyć w ciepłej wodzie na 30 minut, następnie odcedzić i zachować 250 ml / 8 uncji / 1 filiżankę płynu do namaczania. Odrzuć łodygi. Zmieszaj 60 ml / 4 łyżki bulionu wołowego z mąką kukurydzianą, aż uzyskasz pastę. Pozostały bulion wołowy zagotować z grzybami i płynem grzybowym, przykryć i dusić przez 20 minut. Wyjmij grzyby z płynu łyżką cedzakową i połóż na ciepłym talerzu. Dodaj sos ostrygowy i sherry na patelnię i smaż, mieszając, przez 2 minuty. Dodać makaron kukurydziany i dusić, mieszając, aż sos zgęstnieje. Polej grzybami i podawaj razem.

Rolada wieprzowa i sałatka

dla 4 osób

4 suszone grzyby chińskie
15 ml/1 łyżka oleju arachidowego
225 g chudej wieprzowiny, mielonej
100 g posiekanych pędów bambusa
100 g posiekanych kasztanów wodnych
4 szalotki (obrane), drobno posiekane
175 g mięsa kraba, płatki
30 ml / 2 łyżki wina ryżowego lub wytrawnego sherry
15 ml/1 łyżka sosu sojowego
10 ml / 2 łyżeczki sosu ostrygowego
10 ml / 2 łyżeczki oleju sezamowego
9 chińskich znaków

Grzyby namoczyć w ciepłej wodzie na 30 minut, następnie odcedzić. Odrzuć łodygi i odetnij wierzchołki. Rozgrzej olej i smaż wieprzowinę przez 5 minut. Dodać grzyby, pędy bambusa, kasztany wodne, szczypiorek i mięso kraba i smażyć przez 2 minuty. Połączyć wino lub sherry, sos sojowy, sos ostrygowy i olej sezamowy i wymieszać na patelni. Zdjąć z ognia. W międzyczasie gotuj liście borowików we wrzącej wodzie przez 1 minutę, następnie odcedź. Połóż łyżkę mieszanki wieprzowej na środku każdego arkusza, złóż ją po bokach, a następnie zwiń i podawaj.

Pulpety wieprzowe i kasztany

dla 4 osób

450 g / 1 funt mielonej wieprzowiny (mielonej)
50 g grzybów, drobno posiekanych
50 g kasztanów wodnych, drobno posiekanych
1 zmiażdżony ząbek czosnku
1 ubite jajko
30 ml/2 łyżki sosu sojowego
15 ml/1 łyżka wina ryżowego lub wytrawnego sherry
5 ml / 1 łyżeczka mielonego korzenia imbiru
5 ml/1 łyżeczka cukru
sól
30 ml / 2 łyżki mąki kukurydzianej (skrobi kukurydzianej)
olej do gotowania

Wymieszaj wszystkie składniki oprócz mąki kukurydzianej i uformuj ciasto w kulki. Jest zawinięte w mąkę kukurydzianą. Rozgrzej olej i smaż klopsiki na złoty kolor przez około 10 minut. Dobrze odcedzić przed podaniem.

pierogi wieprzowe

dla 4 osób

450 g/1 funt mąki zwykłej (uniwersalnej)
500 ml / 17 uncji / 2 szklanki wody
450 g / 1 funt gotowanej wieprzowiny, mielonej
225 g krewetek w skorupkach, pokrojonych na małe kawałki
4 łodygi selera, drobno posiekane
15 ml/1 łyżka sosu sojowego
15 ml/1 łyżka wina ryżowego lub wytrawnego sherry
15 ml/1 łyżka oleju sezamowego
5 ml/1 łyżeczka soli
2 szalotki (nieprzezroczyste), drobno posiekane
2 ząbki posiekanego czosnku
1 plasterek korzenia imbiru, posiekany

Mąkę i wodę wymieszać na gładkie ciasto i dobrze zagnieść. Przykryj i odstaw na 10 minut. Ciasto rozwałkowujemy najcieniej jak to możliwe i wycinamy koła o średnicy 5 cm, mieszamy pozostałe składniki. Do każdego koła nałóż łyżkę mieszanki, zwilż brzegi i zlep półkolem. W garnku zagotuj wodę, następnie ostrożnie włóż klopsiki do wody. Gdy klopsiki wypłyną na powierzchnię, dodaj 150 ml / ¬°pt / ¬æ szklanki zimnej wody, następnie zagotuj wodę. Gdy klopsiki ponownie urosną, są gotowe.

Pieczona wieprzowina i wołowina

dla 4 osób

100 g mielonej wieprzowiny (mielonej)
100 g mielonej wołowiny (mielonej)
1 plasterek boczku, drobno posiekany (mielony)
15 ml/1 łyżka sosu sojowego
sól pieprz
1 ubite jajko
30 ml / 2 łyżki mąki kukurydzianej (skrobi kukurydzianej)
olej do gotowania

Mięso mielone wymieszać z boczkiem, doprawić solą i pieprzem. Zawiązuje się je jajkiem, formuje kulki wielkości orzecha włoskiego i posypuje mąką kukurydzianą. Rozgrzej olej i smaż na złoty kolor. Dobrze odcedzić przed podaniem.

Krewetka motylkowa

dla 4 osób

450 g / 1 funt obranych dużych krewetek
15 ml/1 łyżka sosu sojowego
5 ml / 1 łyżeczka wina ryżowego lub wytrawnego sherry
5 ml / 1 łyżeczka mielonego korzenia imbiru
2,5 ml / ½ łyżeczki soli
2 ubite jajka
30 ml / 2 łyżki mąki kukurydzianej (skrobi kukurydzianej)
15 ml / 1 łyżka mąki pszennej (uniwersalnej)
olej do gotowania

Przekrój krewetkę przez środek grzbietu i rozłóż ją, tworząc motyla. Wymieszaj sos sojowy, wino lub sherry, imbir i sól. Polać krewetkami i pozostawić do marynowania na 30 minut. Wyjmij z marynaty i odcedź. Jajka ubić ze skrobią kukurydzianą i mąką na ciasto, następnie zanurzyć w cieście krewetki. Rozgrzej olej i smaż krewetki na złoty kolor. Dobrze odcedzić przed podaniem.

Chińskie krewetki

dla 4 osób

450 g / 1 funt nieobranych krewetek
30 ml / 2 łyżki sosu Worcestershire
15 ml/1 łyżka sosu sojowego
15 ml/1 łyżka wina ryżowego lub wytrawnego sherry
15 ml/1 łyżka brązowego cukru

Umieść krewetki w misce. Pozostałe składniki wymieszać, polać krewetkami i odstawić do marynowania na 30 minut. Ułożyć na blasze do pieczenia i piec w nagrzanym piekarniku w temperaturze 150°C/300°F/gaz, stopień 2, przez 25 minut. Podaje się je na ciepło lub na zimno w muszli, by goście byli zachwyceni.

Ciasteczka Krewetkowe

dla 4 osób

100 g krakersów krewetkowych
olej do gotowania

Rozgrzej olej do bardzo gorącego. Dodawaj po garści krakersów krewetkowych i smaż przez kilka sekund, aż się napęcznieją. Wyjmij z oleju i odsącz na papierze kuchennym, kontynuując pieczenie ciasteczek.

chrupiące krewetki

dla 4 osób

450 g kraba tygrysiego w łupinach
15 ml / 1 łyżka wina ryżowego lub wytrawnego sherry
10 ml / 2 łyżeczki sosu sojowego
5 ml / 1 łyżeczka proszku pięciu smaków
sól pieprz
90 ml / 6 łyżek mąki kukurydzianej (skrobi kukurydzianej)
2 ubite jajka
100 g bułki tartej
olej arachidowy do smażenia

Wymieszaj krewetki z winem lub sherry, sosem sojowym i proszkiem pięciu przypraw, a następnie dopraw solą i pieprzem. Obtocz je w mące kukurydzianej, a następnie posmaruj roztrzepanym jajkiem i bułką tartą. Smażyć na rozgrzanym oleju przez kilka minut, aż staną się lekko złociste, następnie odcedzić i od razu podawać.

Krewetki z sosem imbirowym

dla 4 osób

15 ml/1 łyżka sosu sojowego
5 ml / 1 łyżeczka wina ryżowego lub wytrawnego sherry
5 ml/1 łyżeczka oleju sezamowego
450 g / 1 funt krewetek w skorupkach
30 ml / 2 łyżki posiekanej świeżej natki pietruszki
15 ml/1 łyżka octu winnego
5 ml / 1 łyżeczka mielonego korzenia imbiru

Dodaj sos sojowy, wino lub sherry i olej sezamowy. Polać krewetkami, przykryć i marynować przez 30 minut. Grilluj krewetki przez kilka minut, aż będą ugotowane, a następnie posmaruj je marynatą. W międzyczasie wymieszaj z krewetkami natkę pietruszki, ocet winny i imbir.

Roladki z krewetkami i makaronem

dla 4 osób

50 g makaronu jajecznego, podzielonego na kawałki
15 ml/1 łyżka oleju arachidowego
50 g chudej wieprzowiny, drobno posiekanej
100 g drobno posiekanych grzybów
3 szalotki (obrane), drobno posiekane
100 g obranych krewetek, pokrojonych na małe kawałki
15 ml/1 łyżka wina ryżowego lub wytrawnego sherry
sól pieprz
24 skórki wontonów
1 ubite jajko
olej do gotowania

Makaron gotujemy we wrzącej wodzie przez 5 minut, następnie odcedzamy i kroimy na kawałki. Rozgrzej olej i smaż wieprzowinę przez 4 minuty. Dodaj grzyby i cebulę, smaż przez 2 minuty, a następnie zdejmij z ognia. Dodaj krewetki, wino lub sherry i makaron, dopraw solą i pieprzem do smaku. Połóż kawałek ciasta na środku każdej muszli wonton i posmaruj krawędzie roztrzepanym jajkiem. Złóż krawędzie, a następnie zwiń papier do pakowania i sklej krawędzie. Rozgrzej olej i smaż bułki po około 5 minut każdą, aż uzyskają złoty kolor. Przed podaniem odsączyć na papierze kuchennym.

krewetki Toast

dla 4 osób

2 jajka 450 g / 1 funt krewetki, oczyszczone, posiekane
15 ml / 1 łyżka mąki kukurydzianej (skrobi kukurydzianej)
1 drobno posiekana cebula
30 ml/2 łyżki sosu sojowego
15 ml/1 łyżka wina ryżowego lub wytrawnego sherry
5 ml/1 łyżeczka soli
5 ml / 1 łyżeczka mielonego korzenia imbiru
8 kromek chleba pokrojonych w trójkąty
olej do gotowania

Wymieszaj 1 jajko z resztą składników oprócz chleba i oleju. Wlać mieszaninę na trójkąty chlebowe i uformować kopułę. Posmaruj pozostałym jajkiem. Rozgrzej około 5 cm oleju i smaż trójkąty chleba na brązowy kolor. Dobrze odcedź przed podaniem.

Wonton wieprzowo-krabowy z sosem słodko-kwaśnym

dla 4 osób

120 ml / 4 uncje / ¬Ω szklanki wody
60 ml / 4 łyżki octu winnego
60 ml / 4 łyżki brązowego cukru
30 ml / 2 łyżki koncentratu pomidorowego (makaron)
10 ml / 2 łyżeczki mąki kukurydzianej (skrobi kukurydzianej)
25 g posiekanych grzybów
25 g krewetek, obranych i posiekanych
50 g chudej wieprzowiny, mielonej
2 szalotki (nieprzezroczyste), drobno posiekane
5 ml/1 łyżeczka sosu sojowego
2,5 ml / ¬Ω łyżeczki startego korzenia imbiru
1 zmiażdżony ząbek czosnku
24 skórki wontonów
olej do gotowania

Połącz wodę, ocet winny, cukier, koncentrat pomidorowy i mąkę kukurydzianą w małym rondlu. Doprowadzić do wrzenia, ciągle mieszając, następnie gotować na wolnym ogniu przez 1 minutę. Zdejmij z ognia i trzymaj w cieple.

Wymieszaj grzyby, krewetki, wieprzowinę, zieloną herbatę, sos sojowy, imbir i czosnek. Na każdą skórkę nakładamy po łyżce farszu, brzegi smarujemy wodą i dociskamy. Rozgrzej olej i smaż wontony jeden po drugim, aż uzyskają złoty kolor. Odsączyć na papierze kuchennym i podawać gorące z sosem słodko-kwaśnym.

Rosół

Wydajność: 2 litry / 3½ pt. / 8½ kubka

1,5 kg gotowanych lub surowych kości kurczaka
450 g/1 funt kości wieprzowych
1 cm / ½ kawałka korzenia imbiru
3 cebule dymki (cebule), pokrojone w plasterki
1 zmiażdżony ząbek czosnku
5 ml/1 łyżeczka soli
2,25 litra / 4 punkty / 10 szklanek wody

Wszystkie składniki zagotować, przykryć i dusić przez 15 minut. Odetnij tłuszcz. Przykryj i gotuj na małym ogniu przez 1 1/2 godziny. Przefiltrować, ostudzić i odtłuścić. Zamrażaj w małych ilościach lub przechowuj w lodówce i zużyj w ciągu 2 dni.

Zupa z wieprzowiny i kiełków fasoli

dla 4 osób

450 g / 1 funt wieprzowiny, pokrojonej w kostkę
1,5 l / 2½ pt. / 6 szklanek zupy z kurczaka
5 plasterków korzenia imbiru
350 g kiełków fasoli
15 ml/1 łyżka soli

Mięso wieprzowe gotujemy 10 minut we wrzącej wodzie, następnie odcedzamy. Doprowadź bulion do wrzenia, dodaj wieprzowinę i imbir. Przykryj i gotuj na małym ogniu przez 50 minut. Dodaj kiełki fasoli i sól i gotuj na wolnym ogniu przez 20 minut.

Zupa z uchowców i grzybów

dla 4 osób

60 ml / 4 łyżki oleju arachidowego
100 g chudej wieprzowiny pokrojonej w paski
225 g uchowca w puszkach, pokrojonego w paski
100 g grzybów pokrojonych w plasterki
2 łodygi selera, pokrojone w plasterki
50 g szynki pokrojonej w paski
2 drobno posiekane cebule
1,5 l / 2½ pt. / 6 szklanek wody
30 ml / 2 łyżki octu winnego
45 ml / 3 łyżki sosu sojowego
2 plasterki korzenia imbiru, posiekane
sól i świeżo zmielony pieprz
15 ml / 1 łyżka mąki kukurydzianej (skrobi kukurydzianej)
45 ml / 3 łyżki wody

Rozgrzać olej i smażyć wieprzowinę, uchowce, pieczarki, seler, szynkę i cebulę przez 8 minut. Dodać wodę i ocet winny, doprowadzić do wrzenia, przykryć i gotować na wolnym ogniu przez 20 minut. Dodać sos sojowy, imbir, sól i pieprz. Mąkę kukurydzianą wymieszać z wodą na pastę, wmieszać ją do zupy i gotować przez 5 minut, ciągle mieszając, aż zupa się przejaśni i zgęstnieje.

Zupa z kurczaka i szparagów

dla 4 osób

100 g kurczaka, mielonego
2 białka jaj
2,5 ml / ½ łyżeczki soli
30 ml / 2 łyżki mąki kukurydzianej (skrobi kukurydzianej)
225 g szparagów, pokrojonych na 5 cm / 2 kawałki
100 g kiełków fasoli
1,5 l / 2½ pt. / 6 szklanek zupy z kurczaka
100 g grzybów

Wymieszaj kurczaka z białkiem, solą i skrobią kukurydzianą, a następnie odstaw na 30 minut. Pierś z kurczaka gotuj we wrzącej wodzie przez 10 minut, następnie dobrze odcedź. Szparagi gotujemy we wrzącej wodzie przez 2 minuty, następnie odcedzamy. Kiełki fasoli blanszować we wrzącej wodzie przez 3 minuty, następnie odcedzić. Bulion wlać do dużego rondla, dodać kurczaka, szparagi, grzyby i kiełki fasoli. Doprowadź do wrzenia i dodaj sól do smaku. Gotuj przez kilka minut, aby rozwinąć smak i aż warzywa będą miękkie, ale nadal chrupiące.

Zupa z wołowiny

dla 4 osób

225 g mielonej wołowiny (mielonej)
15 ml/1 łyżka sosu sojowego
15 ml/1 łyżka wina ryżowego lub wytrawnego sherry
15 ml / 1 łyżka mąki kukurydzianej (skrobi kukurydzianej)
1,2 l / 2 punkty / 5 szklanek rosołu
5 ml/1 łyżeczka sosu chili
sól pieprz
2 ubite jajka
6 dymek (cebul), drobno posiekanych

Mięso wymieszać z sosem sojowym, winem lub sherry i skrobią kukurydzianą. Dodajemy do bulionu i stopniowo doprowadzamy do wrzenia cały czas mieszając. Dodać sos chili, sól i pieprz do smaku, przykryć i dusić około 10 minut, od czasu do czasu mieszając. Dodać jajko i podawać posypane szczypiorkiem.

Chińska zupa z wołowiną i liśćmi

dla 4 osób

200 g chudej wołowiny pokrojonej w paski
15 ml/1 łyżka sosu sojowego
15 ml/1 łyżka oleju arachidowego
1,5 l / 2½ pt. / 6 szklanek bulionu wołowego
5 ml/1 łyżeczka soli
2,5 ml / ½ łyżeczki cukru
½ główki liścia chińskiego, pokrojonego na kawałki

Mięso wymieszać z sosem sojowym i olejem, następnie marynować przez 30 minut, od czasu do czasu mieszając. Zagotuj bulion z solą i cukrem, dodaj liście chińskie i gotuj na wolnym ogniu przez około 10 minut, aż prawie się zagotują. Dodać mięso i smażyć kolejne 5 minut.

Kapuśniak

dla 4 osób

60 ml / 4 łyżki oleju arachidowego
2 drobno posiekane cebule
100 g chudej wieprzowiny pokrojonej w paski
225 g bok choy, posiekanej
10 ml / 2 łyżeczki cukru
1,2 l / 2 punkty / 5 szklanek rosołu
45 ml / 3 łyżki sosu sojowego
sól pieprz
15 ml / 1 łyżka mąki kukurydzianej (skrobi kukurydzianej)

Rozgrzej olej i podsmaż cebulę i wieprzowinę na lekko złoty kolor. Dodać kapustę i cukier i smażyć przez 5 minut. Dodać bulion i sos sojowy, doprawić solą i pieprzem do smaku. Doprowadź do wrzenia, przykryj i gotuj na wolnym ogniu przez 20 minut. Kaszę kukurydzianą wymieszać z odrobiną wody, dodać do zupy i gotować, mieszając, aż zupa zgęstnieje i będzie klarowna.

Pikantna zupa wołowa

dla 4 osób

45 ml / 3 łyżki oleju arachidowego (orzeszki ziemne)

1 zmiażdżony ząbek czosnku

5 ml/1 łyżeczka soli

225 g mielonej wołowiny (mielonej)

6 dymek (cebul), pokrojonych w paski

1 czerwona papryka pokrojona w paski

1 zielona papryka pokrojona w paski

225 g kapusty, posiekanej

1 l / 1¾ pt / 4¼ szklanki bulionu wołowego

30 ml/2 łyżki sosu śliwkowego

30 ml / 2 łyżki sosu hoisin

45 ml / 3 łyżki sosu sojowego

2 łodygi imbiru, posiekane

2 jajka

5 ml/1 łyżeczka oleju sezamowego

225 g przezroczystego makaronu, namoczonego

Rozgrzej oliwę i podsmaż czosnek i sól, aż staną się lekko złociste. Dodać mięso i szybko smażyć. Dodaj warzywa i smaż, aż będą przezroczyste. Dodać bulion, sos śliwkowy, sos hoisin 30 ml/2

łyżki sosu sojowego i imbiru, doprowadzić do wrzenia i gotować przez 10 minut. Jajka ubić z olejem sezamowym i resztą sosu sojowego. Dodaj go do zupy z makaronem i gotuj, mieszając, aż jajko się zetnie, a makaron będzie miękki.

niebiańska zupa

dla 4 osób

2 szalotki (nieprzezroczyste), drobno posiekane
1 zmiażdżony ząbek czosnku
30 ml / 2 łyżki posiekanej świeżej natki pietruszki
5 ml/1 łyżeczka soli
15 ml/1 łyżka oleju arachidowego
30 ml/2 łyżki sosu sojowego
1,5 l / 2½ pt. / 6 szklanek wody

Wymieszaj szczypiorek, czosnek, pietruszkę, sól, olej i sos sojowy. Zagotuj wodę, zalej ją mieszanką szczypiorku i odstaw na 3 minuty.

Zupa z kurczaka i pędów bambusa

dla 4 osób

2 udka z kurczaka
30 ml / 2 łyżki oleju arachidowego
5 ml / 1 łyżeczka wina ryżowego lub wytrawnego sherry
1,5 l / 2½ pt. / 6 szklanek zupy z kurczaka
3 szczypiorek, pokrojony w plasterki
100 g pędów bambusa, pokrojonych w kostkę
5 ml / 1 łyżeczka mielonego korzenia imbiru
sól

Kurczaka obieramy z kości, a mięso kroimy w kostkę. Rozgrzewamy olej i obsmażamy pierś z kurczaka ze wszystkich stron. Dodajemy bulion, zieloną herbatę, pędy bambusa i imbir, doprowadzamy do wrzenia i gotujemy około 20 minut, aż kurczak będzie miękki. Przed podaniem dodać sól do smaku.

Zupa z kurczaka i kukurydzy

dla 4 osób

1 l / 1¾ pt. / 4¼ szklanki bulionu z kurczaka
100 g kurczaka, pokrojonego w kostkę
200 g kremu ze słodkiej kukurydzy
plasterek posiekanej szynki
rozbite jajko
15 ml/1 łyżka wina ryżowego lub wytrawnego sherry

Zagotuj bulion i kurczaka, przykryj i gotuj na wolnym ogniu przez 15 minut. Dodać kukurydzę i szynkę, przykryć i dusić przez 5 minut. Dodać jajko i sherry, delikatnie wymieszać wykałaczką, tak aby jajka utworzyły nitki. Zdejmij z ognia, przykryj i odstaw na 3 minuty przed podaniem.

Zupa Z Kurczaka Imbirowego

dla 4 osób

4 suszone grzyby chińskie
1,5 l / 2½ pt. / 6 szklanek wody lub bulionu z kurczaka
225 g kurczaka, pokrojonego w kostkę
10 plasterków korzenia imbiru
5 ml / 1 łyżeczka wina ryżowego lub wytrawnego sherry
sól

Grzyby namoczyć w ciepłej wodzie na 30 minut, następnie odcedzić. Odrzuć łodygi. Wodę lub bulion zagotuj z pozostałymi składnikami i gotuj na wolnym ogniu przez około 20 minut, aż kurczak będzie ugotowany.

Chińska zupa grzybowa z kurczakiem

dla 4 osób

25 g / 1 uncja suszonych grzybów chińskich
100 g kurczaka, mielonego
50 g pędów bambusa, pokruszonych
30 ml/2 łyżki sosu sojowego
30 ml / 2 łyżki wina ryżowego lub wytrawnego sherry
1,2 l / 2 punkty / 5 szklanek rosołu

Grzyby namoczyć w ciepłej wodzie na 30 minut, następnie odcedzić. Odrzuć łodygi i odetnij wierzchołki. Blanszuj grzyby, kurczaka i pędy bambusa we wrzącej wodzie przez 30 sekund, następnie odcedź. Umieść je w misce, dodaj sos sojowy i wino lub sherry. Pozostawić do maceracji na 1 godzinę. Zagotuj bulion, dodaj mieszankę z kurczaka i marynatę. Dobrze wymieszaj i smaż kilka minut, aż kurczak będzie miękki.

Zupa z kurczakiem i ryżem

dla 4 osób

1 l / 1¾ pt. / 4¼ szklanki bulionu z kurczaka
225 g / 8 uncji / 1 szklanka ugotowanego ryżu długoziarnistego
4 uncje/100 g ugotowanego kurczaka, pokrojonego w paski
1 cebula, pokrojona w krążki
5 ml/1 łyżeczka sosu sojowego

Ostrożnie podgrzej wszystkie składniki, aż będą gorące, nie gotując zupy.

Zupa z kurczakiem i kokosem

dla 4 osób

350 g piersi z kurczaka

sól

10 ml / 2 łyżeczki mąki kukurydzianej (skrobi kukurydzianej)

30 ml / 2 łyżki oleju arachidowego

1 zielone chili, posiekane

1 l / 1¾ pt / 4¼ szklanki mleka kokosowego

5 ml / 1 łyżeczka startej skórki z cytryny

12 liczi

szczypta startej gałki muszkatołowej

sól i świeżo zmielony pieprz

2 liście trawy cytrynowej

Pierś kurczaka pokroić w paski ukośnie w poprzek włókien. Posyp solą i obtocz w mące kukurydzianej. W woku rozgrzać 10 ml/2 łyżeczki oleju, obrócić i wlać. Powtórz jeszcze raz. Rozgrzej pozostały olej i smaż kurczaka i chili przez 1 minutę. Dodać mleko kokosowe i doprowadzić do wrzenia. Dodaj skórkę z cytryny i gotuj przez 5 minut. Dodać liczi, doprawić gałką muszkatołową, solą i pieprzem i podawać udekorowane trawą cytrynową.

Chowder z mięczaków

dla 4 osób

2 suszone grzyby chińskie
12 małży, namoczonych i umytych
1,5 l / 2½ pt. / 6 szklanek zupy z kurczaka
50 g pędów bambusa, pokruszonych
50 g groszku śnieżnego (grochu), przekrojonego na pół
2 cebule dymki (cebule), pokrojone w plasterki
15 ml/1 łyżka wina ryżowego lub wytrawnego sherry
świeżo zmielony pieprz w proszku

Grzyby namoczyć w ciepłej wodzie na 30 minut, następnie odcedzić. Odrzuć łodygi, a wierzchołki przekrój na pół. Gotuj na parze muszle przez około 5 minut, aż się otworzą; wyrzuć te, które pozostają zamknięte. Wyjmij małże ze skorupy. Zagotuj bulion, dodaj grzyby, pędy bambusa, groszek śnieżny i dymkę. Gotuj bez przykrycia przez 2 minuty. Dodaj małże, wino lub sherry, dopraw pieprzem i smaż, aż się zarumieni.

Zupa jajeczna

dla 4 osób

1,2 l / 2 punkty / 5 szklanek rosołu
3 ubite jajka
45 ml / 3 łyżki sosu sojowego
sól i świeżo zmielony pieprz
4 dymki (cebule), pokrojone w plasterki

Zagotuj bulion. Stopniowo dodawaj ubite jajka, tak aby masa stała się sztywna. Dodać sos sojowy oraz sól i pieprz do smaku. Podaje się je udekorowane szczypiorkiem.

Paluszki krabowe i małże

dla 4 osób

4 suszone grzyby chińskie
15 ml/1 łyżka oleju arachidowego
1 ubite jajko
1,5 l / 2½ pt. / 6 szklanek zupy z kurczaka
175 g mięsa kraba, płatki
100 g przegrzebków łuskanych, pokrojonych w plasterki
100 g pędów bambusa, pokrojonych w plasterki
2 szalotki (nieprzezroczyste), drobno posiekane
1 plasterek korzenia imbiru, posiekany
kilka ugotowanych i oczyszczonych krewetek (opcjonalnie)
45 ml / 3 łyżki mąki kukurydzianej (skrobi kukurydzianej)
90 ml / 6 łyżek wody
30 ml / 2 łyżki wina ryżowego lub wytrawnego sherry
20 ml / 4 łyżeczki sosu sojowego
2 białka jaj

Grzyby namoczyć w ciepłej wodzie na 30 minut, następnie odcedzić. Usuń łodygi i cienko pokrój wierzchołki. Rozgrzej olej, wbij jajko i przechyl patelnię tak, aby jajko przykryło dno. gotuj do tego czasu

wyłącz, następnie odwróć i smaż również z drugiej strony.
Wyjmij z formy, zwiń i pokrój w cienkie paski.

Zagotuj bulion, dodaj grzyby, paski jajek, mięso kraba, małże, pędy bambusa, cebulę, imbir i krewetki, jeśli używasz. Zagotujmy to jeszcze raz. Mąkę kukurydzianą wymieszaj z 60 ml / 4 łyżkami wody, winem lub sherry i sosem sojowym i dodaj do zupy. Gotuj na małym ogniu, mieszając, aż zupa zgęstnieje. Białko ubić z pozostałą wodą i powoli wlewać do zupy, energicznie mieszając.

zupa krabowa

dla 4 osób

90 ml / 6 łyżek oleju arachidowego

3 drobno posiekane cebule

225 g brązowego i białego mięsa kraba

1 plasterek korzenia imbiru, posiekany

1,2 l / 2 punkty / 5 szklanek rosołu

150 ml / ¼ pt. / szklanka wina ryżowego lub wytrawnej sherry

45 ml / 3 łyżki sosu sojowego

sól i świeżo zmielony pieprz

Rozgrzej oliwę i podsmaż cebulę, aż zmięknie, ale nie będzie brązowa. Dodaj mięso krabowe i imbir i smaż przez 5 minut. Dodać bulion, wino lub sherry i sos sojowy, doprawić solą i pieprzem. Doprowadzić do wrzenia, następnie gotować na wolnym ogniu przez 5 minut.

Zupa rybna

dla 4 osób

225 g filetów rybnych
1 plasterek korzenia imbiru, posiekany
15 ml/1 łyżka wina ryżowego lub wytrawnego sherry
30 ml / 2 łyżki oleju arachidowego
1,5 l / 2½ pt. / 6 szklanek zupy rybnej

Rybę pokroić w cienkie paski w stosunku do oczu. Wymieszaj imbir, wino lub sherry i oliwę, dodaj rybę i delikatnie wymieszaj. Pozostawić do maceracji na 30 minut, od czasu do czasu obracając je. Zagotuj bulion, dodaj rybę i gotuj przez 3 minuty.

Zupa rybna i sałatka

dla 4 osób

225 g filetów z białej ryby

30 ml / 2 łyżki mąki pszennej (uniwersalnej)

sól i świeżo zmielony pieprz

90 ml / 6 łyżek oleju arachidowego

6 cebul dymki (cebuli), pokrojonych w plasterki

100 g sałaty, posiekanej

1,2 l / 2 punkty / 5 szklanek wody

10 ml / 2 łyżeczki drobno posiekanego korzenia imbiru

150 ml / ¼ pt / hojne ½ szklanki wina ryżowego lub wytrawnego sherry

30 ml / 2 łyżki mąki kukurydzianej (skrobi kukurydzianej)

30 ml / 2 łyżki posiekanej świeżej natki pietruszki

10 ml / 2 łyżeczki soku z cytryny

30 ml/2 łyżki sosu sojowego

Rybę pokroić w cienkie paski, następnie dodać przyprawioną mąkę. Rozgrzej oliwę i podsmaż cebulę dymkę, aż będzie miękka. Dodaj sałatkę i smaż przez 2 minuty. Dodaj rybę i gotuj przez 4 minuty. Dodać wodę, imbir i wino lub sherry, doprowadzić do wrzenia, przykryć i gotować na wolnym ogniu przez 5 minut. Mąkę kukurydzianą wymieszaj z odrobiną wody i dodaj do zupy. Gotuj, mieszając, przez kolejne 4 minuty, aż zupa będzie gotowa

opłukać, następnie doprawić solą i pieprzem. Podaje się posypane natką pietruszki, sokiem z cytryny i sosem sojowym.

Zupa z kluskami imbirowymi

dla 4 osób

5 cm startego korzenia imbiru
350 g / 12 uncji brązowego cukru
1,5 l / 2½ pt. / 7 szklanek wody
225 g / 8 uncji / 2 szklanki mąki ryżowej
2,5 ml / ½ łyżeczki soli
60 ml / 4 łyżki wody

Imbir, cukier i wodę włóż do rondla i zagotuj, cały czas mieszając. Przykryć i dusić przez około 20 minut. Odcedź zupę i wlej ją z powrotem na patelnię.

W międzyczasie do miski wsyp mąkę i sól, a następnie stopniowo zagniataj ciasto z taką ilością wody, aby powstało gęste ciasto. Formuj małe kulki i wrzucaj je do zupy. Doprowadź zupę do wrzenia, przykryj i gotuj na wolnym ogniu przez kolejne 6 minut, aż kluski będą ugotowane.

gorąca i kwaśna zupa

dla 4 osób

8 suszonych grzybów chińskich

1 l / 1¾ pt. / 4¼ szklanki bulionu z kurczaka

100 g kurczaka pokrojonego w paski

100 g pędów bambusa pokrojonych w paski

100 g tofu, pokrojonego w paski

15 ml/1 łyżka sosu sojowego

30 ml / 2 łyżki octu winnego

30 ml / 2 łyżki mąki kukurydzianej (skrobi kukurydzianej)

2 ubite jajka

kilka kropli oleju sezamowego

Grzyby namoczyć w ciepłej wodzie na 30 minut, następnie odcedzić. Odrzuć łodygi, a wierzch pokrój w paski. Zagotuj grzyby, bulion, kurczaka, pędy bambusa i tofu, przykryj i gotuj na wolnym ogniu przez 10 minut. Sos sojowy, ocet winny i mąkę kukurydzianą wymieszaj na gładką masę, dodaj do zupy i gotuj na wolnym ogniu przez 2 minuty, aż zupa stanie się przezroczysta. Powoli dodawaj jajko i olej sezamowy, mieszając wykałaczką. Przykryj i odstaw na 2 minuty przed podaniem.

Zupa grzybowa

dla 4 osób

15 suszonych grzybów chińskich
1,5 l / 2½ pt. / 6 szklanek zupy z kurczaka
5 ml/1 łyżeczka soli

Grzyby namoczyć w ciepłej wodzie przez 30 minut, następnie odcedzić i zachować płyn. Odrzuć łodygi, przekrój wierzchołki na pół, jeśli są duże, i umieść je w dużej żaroodpornej misce. Połóż naczynie na ruszcie w piekarniku parowym. Bulion zagotować, zalać nim grzyby, przykryć i gotować nad wrzącą wodą przez 1 godzinę. Dodać sól do smaku i podawać.

Zupa grzybowo-kapuściana

dla 4 osób

25 g / 1 uncja suszonych grzybów chińskich
15 ml/1 łyżka oleju arachidowego
50 g startych liści chińskich
15 ml/1 łyżka wina ryżowego lub wytrawnego sherry
15 ml/1 łyżka sosu sojowego
1,2 l / 2 punkty / 5 szklanek rosołu lub zupy jarzynowej
sól i świeżo zmielony pieprz
5 ml/1 łyżeczka oleju sezamowego

Grzyby namoczyć w ciepłej wodzie na 30 minut, następnie odcedzić. Odrzuć łodygi i odetnij wierzchołki. Rozgrzej olej i smaż grzyby i liście chińskie przez 2 minuty, aż będą dobrze pokryte. Dodaj wino lub sherry i sos sojowy, następnie dodaj bulion. Doprowadź do wrzenia, dodaj sól i pieprz do smaku i gotuj przez 5 minut. Przed podaniem skrop olejem sezamowym.

Zupa jajeczna z grzybami

dla 4 osób

1 l / 1¾ pt. / 4¼ szklanki bulionu z kurczaka
30 ml / 2 łyżki mąki kukurydzianej (skrobi kukurydzianej)
100 g grzybów pokrojonych w plasterki
1 plasterek czerwonej cebuli, drobno posiekany
szczypta soli
3 krople oleju sezamowego
2,5 ml / ½ łyżeczki sosu sojowego
1 ubite jajko

Wymieszaj odrobinę bulionu ze skrobią kukurydzianą, następnie wymieszaj wszystkie składniki oprócz jajka. Doprowadzić do wrzenia, przykryć i gotować na małym ogniu przez 5 minut. Dodać jajko, wymieszać wykałaczką tak, aby z jajka utworzyły się nitki. Zdejmij z ognia i odstaw na 2 minuty przed podaniem.

Zupa kasztanowa z grzybami i wodą

dla 4 osób

1 l / 1¾ pt / 4¼ szklanki bulionu warzywnego lub wody

2 drobno posiekane cebule

5 ml / 1 łyżeczka wina ryżowego lub wytrawnego sherry

30 ml/2 łyżki sosu sojowego

225 g grzybów

100 g kasztanów wodnych, pokrojonych w plasterki

100 g pędów bambusa, pokrojonych w plasterki

kilka kropli oleju sezamowego

2 liście sałaty, pokrojone w kostkę

2 cebule dymki (cebule), pokrojone w kostkę

Wodę, cebulę, wino lub sherry i sos sojowy zagotować, przykryć i gotować na wolnym ogniu przez 10 minut. Dodać grzyby, kasztany wodne i pędy bambusa, przykryć i dusić przez 5 minut. Dodać olej sezamowy, liście sałaty i dymkę, zdjąć z ognia, przykryć i odstawić na 1 minutę przed podaniem.

Zupa wieprzowo-grzybowa

dla 4 osób

60 ml / 4 łyżki oleju arachidowego
1 zmiażdżony ząbek czosnku
2 drobno posiekane cebule
225 g chudej wieprzowiny pokrojonej w paski
1 łodyga selera, posiekana
50 g grzybów pokrojonych w plasterki
2 pokrojone marchewki
1,2 l / 2 punkty / 5 szklanek bulionu wołowego
15 ml/1 łyżka sosu sojowego
sól i świeżo zmielony pieprz
15 ml / 1 łyżka mąki kukurydzianej (skrobi kukurydzianej)

Rozgrzej oliwę i podsmaż czosnek, cebulę i wieprzowinę, aż cebula będzie miękka i lekko rumiana. Dodać seler, pieczarki i marchewkę, przykryć i dusić przez 10 minut. Bulion zagotować, następnie wlać na patelnię z sosem sojowym i dodać sól i pieprz do smaku. Mąkę kukurydzianą wymieszaj z odrobiną wody, następnie wsyp ją na patelnię i gotuj na małym ogniu, mieszając, przez około 5 minut.

Zupa wieprzowa i rzeżucha

dla 4 osób

1,5 l / 2½ pt. / 6 szklanek zupy z kurczaka
100 g chudej wieprzowiny pokrojonej w paski
3 łodygi selera pokrojone ukośnie
2 szalotki (cebula), pokrojone w plasterki
1 pęczek rzeżuchy
5 ml/1 łyżeczka soli

Zagotuj bulion, dodaj wieprzowinę i seler, przykryj i gotuj na wolnym ogniu przez 15 minut. Dodać szczypiorek, rzeżuchę i sól i pozostawić na małym ogniu pod przykryciem na około 4 minuty.

Zupa wieprzowa i ogórkowa

dla 4 osób

100 g chudej wieprzowiny pokrojonej w cienkie plasterki
5 ml / 1 łyżeczka mąki kukurydzianej (skrobi kukurydzianej)
15 ml/1 łyżka sosu sojowego
15 ml/1 łyżka wina ryżowego lub wytrawnego sherry
1 ogórek
1,5 l / 2½ pt. / 6 szklanek zupy z kurczaka
5 ml/1 łyżeczka soli

Wymieszaj wieprzowinę, olej, sos sojowy i wino lub sherry. Mieszaj, aby pokryć wieprzowinę. Ogórka obierz i przekrój wzdłuż na pół, następnie usuń nasiona. Pokrój w grube plasterki. Zagotuj bulion, dodaj wieprzowinę, przykryj i gotuj na wolnym ogniu przez 10 minut. Dodaj ogórek i smaż przez kilka minut, aż będzie przezroczysty. W razie potrzeby dodaj sól i trochę więcej sosu sojowego.

Zupa z kulkami wieprzowymi i makaronem

dla 4 osób

50 g makaronu ryżowego
225 g mielonej wieprzowiny (mielonej)
5 ml / 1 łyżeczka mąki kukurydzianej (skrobi kukurydzianej)
2,5 ml / ½ łyżeczki soli
30 ml / 2 łyżki wody
1,5 l / 2½ pt. / 6 szklanek zupy z kurczaka
1 dymka (cebula), drobno posiekana
5 ml/1 łyżeczka sosu sojowego

Ciasto namocz w zimnej wodzie, aż uformują się kotleciki. Wymieszaj wieprzowinę, skrobię kukurydzianą, odrobinę soli i wody i uformuj kulki wielkości orzecha włoskiego. W garnku zagotuj wodę, włóż kulki wieprzowe, przykryj i gotuj przez 5 minut. Dobrze odcedź i odcedź makaron. Zagotuj bulion, dodaj klopsiki i makaron, przykryj i gotuj na wolnym ogniu przez 5 minut. Dodaj cebulę, sos sojowy i pozostałą sól i smaż przez kolejne 2 minuty.

Zupa szpinakowa i tofu

dla 4 osób

1,2 l / 2 punkty / 5 szklanek rosołu

200 g pomidorów z puszki, odsączonych i posiekanych

225 g tofu, pokrojonego w kostkę

225 g posiekanego szpinaku

30 ml/2 łyżki sosu sojowego

5 ml/1 łyżeczka brązowego cukru

sól i świeżo zmielony pieprz

Zagotuj bulion, następnie dodaj pomidory, tofu i szpinak i delikatnie wymieszaj. Ponownie zagotuj i gotuj przez 5 minut. Dodać sos sojowy i cukier, doprawić solą i pieprzem do smaku. Gotować przez 1 minutę przed podaniem.

Zupa ze słodkiej kukurydzy i krabów

dla 4 osób

1,2 l / 2 punkty / 5 szklanek rosołu
200 g kukurydzy cukrowej
sól i świeżo zmielony pieprz
1 ubite jajko
200 g mięsa kraba, płatki
3 szalotki, drobno posiekane

Bulion zagotować, dodać kukurydzę doprawioną solą i pieprzem. Gotuj na małym ogniu przez 5 minut. Tuż przed podaniem roztrzep jajka widelcem i roztrzep je na wierzchu zupy. Podaje się go posypanego mięsem kraba i posiekaną szalotką.

Zupa syczuańska

dla 4 osób

4 suszone grzyby chińskie

1,5 l / 2½ pt. / 6 szklanek zupy z kurczaka

75 ml / 5 łyżek białego wytrawnego wina

15 ml/1 łyżka sosu sojowego

2,5 ml / ½ łyżeczki sosu chili

30 ml / 2 łyżki mąki kukurydzianej (skrobi kukurydzianej)

60 ml / 4 łyżki wody

100 g chudej wieprzowiny pokrojonej w paski

50 g gotowanej szynki, pokrojonej w paski

1 czerwona papryka pokrojona w paski

50 g kasztanów wodnych, pokrojonych w plasterki

10 ml / 2 łyżeczki octu winnego

5 ml/1 łyżeczka oleju sezamowego

1 ubite jajko

100 g krewetek w skorupkach

6 dymek (cebul), drobno posiekanych

175 g tofu, pokrojonego w kostkę

Grzyby namoczyć w ciepłej wodzie na 30 minut, następnie odcedzić. Odrzuć łodygi i odetnij wierzchołki. Przynieś bulion, wino, soję

Zagotuj salsę i sos chili, przykryj i gotuj na wolnym ogniu przez 5 minut. Mąkę kukurydzianą wymieszać z połową wody i dodać do zupy, mieszając, aż zupa zgęstnieje. Dodać grzyby, wieprzowinę, szynkę, paprykę i kasztany wodne i dusić przez 5 minut. Dodaj ocet winny i olej sezamowy. Jajko ubić z pozostałą wodą i wlać do zupy, energicznie mieszając. Dodaj krewetki, cebulę i tofu i smaż przez kilka minut, aż się podgrzeją.

zupa tofu

dla 4 osób

1,5 l / 2½ pt. / 6 szklanek zupy z kurczaka
225 g tofu, pokrojonego w kostkę
5 ml/1 łyżeczka soli
5 ml/1 łyżeczka sosu sojowego

Zagotuj bulion, dodaj tofu, sól i sos sojowy. Gotuj przez kilka minut, aż tofu będzie gorące.

Zupa tofu i rybna

dla 4 osób

225 g filetów z białej ryby, pokrojonych w paski
150 ml / ¼ pt / hojne ½ szklanki wina ryżowego lub wytrawnego sherry
10 ml / 2 łyżeczki drobno posiekanego korzenia imbiru
45 ml / 3 łyżki sosu sojowego
2,5 ml / ½ łyżeczki soli
60 ml / 4 łyżki oleju arachidowego
2 drobno posiekane cebule
100 g grzybów pokrojonych w plasterki
1,2 l / 2 punkty / 5 szklanek rosołu
100 g tofu, pokrojonego w kostkę
sól i świeżo zmielony pieprz

Rybę włóż do miski. Dodaj wino lub sherry, imbir, sos sojowy i sól i polej rybę. Pozostawić do maceracji na 30 minut. Rozgrzej olej i smaż cebulę przez 2 minuty. Dodaj grzyby i kontynuuj smażenie, aż cebula będzie miękka, ale nie brązowa. Dodać rybę i marynatę, doprowadzić do wrzenia, przykryć i dusić przez 5 minut. Dodać bulion, doprowadzić do wrzenia, przykryć i gotować na wolnym ogniu przez 15 minut. Dodać tofu i doprawić solą i pieprzem do smaku. Gotuj na małym ogniu, aż tofu będzie ugotowane.

Zupa pomidorowa

dla 4 osób

400 g pomidorów, odsączonych i posiekanych
1,2 l / 2 punkty / 5 szklanek rosołu
1 plasterek korzenia imbiru, posiekany
15 ml/1 łyżka sosu sojowego
15 ml/1 łyżka sosu chili
10 ml / 2 łyżeczki cukru

Wszystkie składniki wrzucamy do rondelka i doprowadzamy do powolnego wrzenia, od czasu do czasu mieszając. Przed podaniem gotować około 10 minut.

Zupa pomidorowo-szpinakowa

dla 4 osób

1,2 l / 2 punkty / 5 szklanek rosołu
225 g pomidorów z puszki, pokrojonych w kostkę
225 g tofu, pokrojonego w kostkę
225 g szpinaku
30 ml/2 łyżki sosu sojowego
sól i świeżo zmielony pieprz
2,5 ml / ½ łyżeczki cukru
2,5 ml / ½ łyżeczki wina ryżowego lub wytrawnego sherry

Zagotuj bulion, następnie dodaj pomidory, tofu i szpinak i gotuj na wolnym ogniu przez 2 minuty. Dodać resztę składników, gotować 2 minuty, następnie dobrze wymieszać i podawać.

zupa z rzepy

dla 4 osób

1 l / 1¾ pt. / 4¼ szklanki bulionu z kurczaka
1 duża rzepa, pokrojona w cienkie plasterki
200 g chudej wieprzowiny pokrojonej w cienkie plasterki
15 ml/1 łyżka sosu sojowego
60 ml / 4 łyżki koniaku
sól i świeżo zmielony pieprz
4 szalotki, drobno posiekane

Zagotuj bulion, dodaj rzepę i wieprzowinę, przykryj i gotuj na wolnym ogniu przez 20 minut, aż rzepa będzie miękka, a mięso miękkie. Dodać sos sojowy i doprawić brandy do smaku. Gotować na gorąco, posypując szalotką, aż będzie gotowy do podania.

Zupa warzywna

dla 4 osób

6 suszonych grzybów chińskich
1 l / 1¾ pt / 4¼ szklanki bulionu warzywnego
50 g pędów bambusa pokrojonych w paski
50 g kasztanów wodnych, pokrojonych w plasterki
8 groszku śnieżnego, pokrojonego w plasterki
5 ml/1 łyżeczka sosu sojowego

Grzyby namoczyć w ciepłej wodzie na 30 minut, następnie odcedzić. Odrzuć łodygi, a wierzch pokrój w paski. Dodać do zupy z pędami bambusa i kasztanami wodnymi, następnie doprowadzić do wrzenia, przykryć i gotować przez 10 minut. Dodaj groszek śnieżny i sos sojowy, przykryj i gotuj przez 2 minuty. Przed podaniem odstaw na 2 minuty.

zupa wegetariańska

dla 4 osób

¼ *białej kapusty*

2 *marchewki*

3 *łodygi selera*

2 *cebule dymki (cebula)*

30 *ml / 2 łyżki oleju arachidowego*

1,5 *l / 2½ pt. / 6 szklanek wody*

15 *ml/1 łyżka sosu sojowego*

15 *ml/1 łyżka wina ryżowego lub wytrawnego sherry*

5 *ml/1 łyżeczka soli*

świeżo zmielony pieprz

Warzywa pokroić w paski. Rozgrzej olej i smaż warzywa przez 2 minuty, aż zaczną mięknąć. Dodać pozostałe składniki, doprowadzić do wrzenia, przykryć i dusić przez 15 minut.

zupa chrzanowa

dla 4 osób

1 l / 1¾ pt. / 4¼ szklanki bulionu z kurczaka
1 drobno posiekana cebula
1 łodyga selera, posiekana
225 g rzeżuchy wodnej, posiekanej
sól i świeżo zmielony pieprz

Bulion, cebulę i seler zagotuj, przykryj i gotuj na wolnym ogniu przez 15 minut. Dodać rzeżuchę, przykryć i dusić przez 5 minut. Doprawić solą i pieprzem.

Smażona ryba z warzywami

dla 4 osób

4 suszone grzyby chińskie
4 całe ryby, oczyszczone i ołuskowane
olej do gotowania
30 ml / 2 łyżki mąki kukurydzianej (skrobi kukurydzianej)
45 ml / 3 łyżki oleju arachidowego (orzeszki ziemne)
100 g pędów bambusa pokrojonych w paski
50 g kasztanów wodnych, pokrojonych w paski
50 g bok choy, posiekanej
2 plasterki korzenia imbiru, posiekane
30 ml / 2 łyżki wina ryżowego lub wytrawnego sherry
30 ml / 2 łyżki wody
15 ml/1 łyżka sosu sojowego
5 ml/1 łyżeczka cukru
120 ml / 4 uncje / ¬Ω szklanki soku rybnego
sól i świeżo zmielony pieprz
¬Ω główki sałaty, posiekane
15 ml / 1 łyżka posiekanej natki pietruszki

Grzyby namoczyć w ciepłej wodzie na 30 minut, następnie odcedzić. Odrzuć łodygi i odetnij wierzchołki. Rybę przekrój na pół

mąka kukurydziana i strząśnij jej nadmiar. Rozgrzej olej i smaż rybę przez około 12 minut, aż będzie ugotowana. Odsączyć na papierze kuchennym i trzymać w cieple.

Rozgrzać olej i smażyć grzyby, pędy bambusa, kasztany wodne i kapustę przez 3 minuty. Dodać imbir, wino lub sherry, 15 ml / 1 łyżkę wody, sos sojowy i cukier, gotować 1 minutę. Dodać bulion, sól i pieprz, doprowadzić do wrzenia, przykryć i dusić przez 3 minuty. Kaszę kukurydzianą wymieszać z pozostałą wodą, wsypać na patelnię i smażyć, mieszając, na małym ogniu, aż sos zgęstnieje. Sałatkę wyłóż na półmisek i połóż na niej rybę. Polać warzywami i sosem i podawać udekorowane natką pietruszki.

Cała smażona ryba

o 4'6

1 duży okoń lub podobna ryba
45 ml / 3 łyżki mąki kukurydzianej (skrobi kukurydzianej)
45 ml / 3 łyżki oleju arachidowego (orzeszki ziemne)
1 drobno posiekana cebula
2 ząbki posiekanego czosnku
50 g szynki pokrojonej w paski
100 g krewetek w skorupkach
15 ml/1 łyżka sosu sojowego
15 ml/1 łyżka wina ryżowego lub wytrawnego sherry
5 ml/1 łyżeczka cukru
5 ml/1 łyżeczka soli

Posyp rybę mąką kukurydzianą. Rozgrzej oliwę i podsmaż cebulę i czosnek, aż staną się lekko złociste. Dodaj rybę i smaż z obu stron, aż się zarumieni. Przełóż rybę na blachę z folii aluminiowej i połóż na niej szynkę i krewetki. Dodaj sos sojowy, wino lub sherry, cukier i sól na patelnię i dobrze wymieszaj. Polać rybę, przykryć folią aluminiową i piec w piekarniku nagrzanym do 150°C/300°F/poziom gazu 2 przez 20 minut.

nad gotowaną na parze soją

dla 4 osób

1 duży okoń lub podobna ryba

sól

50 g / 2 uncje / ¬Ω szklanki mąki zwykłej (uniwersalnej)

60 ml / 4 łyżki oleju arachidowego

3 plasterki korzenia imbiru, posiekane

3 szalotki (obrane), drobno posiekane

250 ml / 8 uncji / 1 szklanka wody

45 ml / 3 łyżki sosu sojowego

15 ml/1 łyżka wina ryżowego lub wytrawnego sherry

2,5 ml / ¬Ω łyżeczki cukru

Rybę oczyść, umyj i włóż po przekątnej z obu stron. Posypać solą i odstawić na 10 minut. Rozgrzej olej i smaż rybę do zarumienienia z obu stron, obracając raz i polewając olejem podczas smażenia. Dodać imbir, szczypiorek, wodę, sos sojowy, wino lub sherry i cukier, doprowadzić do wrzenia, przykryć i dusić przez 20 minut, aż ryba będzie miękka. Podawać na gorąco lub na zimno.

Ryba sojowa z sosem ostrygowym

dla 4 osób

1 duży okoń lub podobna ryba

sól

60 ml / 4 łyżki oleju arachidowego

3 szalotki (obrane), drobno posiekane

2 plasterki korzenia imbiru, posiekane

1 zmiażdżony ząbek czosnku

45 ml / 3 łyżki sosu ostrygowego

30 ml/2 łyżki sosu sojowego

5 ml/1 łyżeczka cukru

250 ml / 8 uncji / 1 szklanka bulionu rybnego

Rybę oczyszcza się, sortuje i nacina kilka razy ukośnie po obu stronach. Posypać solą i odstawić na 10 minut. Rozgrzewamy większość oleju i smażymy rybę z obu stron do zarumienienia, raz przewracając. W międzyczasie na osobnej patelni rozgrzej pozostały olej i delikatnie podsmaż na nim cebulę, imbir i czosnek. Dodać sos ostrygowy, sos sojowy i cukier i smażyć przez 1 minutę. Dodać bulion i doprowadzić do wrzenia. Powstałą mieszaniną polej smażoną rybę, zagotuj, przykryj i gotuj przez ok

15 minut, aż ryba będzie ugotowana, obracając raz lub dwa razy w trakcie gotowania.

pod parą

dla 4 osób

1 duży okoń lub podobna ryba
2,25 l / 4 punkty / 10 szklanek wody
3 plasterki korzenia imbiru, posiekane
15 ml/1 łyżka soli
15 ml/1 łyżka wina ryżowego lub wytrawnego sherry
30 ml / 2 łyżki oleju arachidowego

Oczyść i umyj rybę, a następnie wykonaj kilka ukośnych nacięć po obu stronach. W dużym rondlu zagotuj wodę i dodaj resztę składników. Opuść rybę do wody, szczelnie przykryj, wyłącz ogień i odstaw na 30 minut, aż ryba będzie miękka.

Ryba na parze z grzybami

dla 4 osób

4 suszone grzyby chińskie

1 duży karp lub podobna ryba

sól

45 ml / 3 łyżki oleju arachidowego (orzeszki ziemne)

2 szalotki (nieprzezroczyste), drobno posiekane

1 plasterek korzenia imbiru, posiekany

3 ząbki czosnku, posiekane

100 g pędów bambusa pokrojonych w paski

250 ml / 8 uncji / 1 szklanka bulionu rybnego

30 ml/2 łyżki sosu sojowego

15 ml/1 łyżka wina ryżowego lub wytrawnego sherry

2,5 ml / ¬Ω łyżeczki cukru

Grzyby namoczyć w ciepłej wodzie na 30 minut, następnie odcedzić. Odrzuć łodygi i odetnij wierzchołki. Rybę przeciąć kilka razy po obu stronach, posypać solą i odstawić na 10 minut. Rozgrzej olej i smaż rybę z obu stron, aż lekko się zarumieni. Dodać cebulę dymkę, imbir i czosnek i smażyć przez 2 minuty. Dodać pozostałe składniki, doprowadzić do wrzenia, przykryć i dusić przez 15 minut, aż ryba będzie miękka, raz lub dwa razy obracając i od czasu do czasu mieszając.

Słodko kwaśna ryba

dla 4 osób

1 duży okoń lub podobna ryba
1 ubite jajko
50 g mąki kukurydzianej (skrobi kukurydzianej)
olej do smażenia

Na sos:

15 ml/1 łyżka oleju arachidowego
1 zielona papryka pokrojona w paski
100 g kawałków ananasa zakonserwowanych w syropie
1 cebula, pokrojona w krążki
100 g / 4 uncje / ¬Ω szklanki brązowego cukru
60 ml / 4 łyżki bulionu z kurczaka
60 ml / 4 łyżki octu winnego
15 ml / 1 łyżka koncentratu pomidorowego (pasty)
15 ml / 1 łyżka mąki kukurydzianej (skrobi kukurydzianej)
15 ml/1 łyżka sosu sojowego
3 szalotki (obrane), drobno posiekane

Oczyść rybę, w razie potrzeby usuń płetwy i głowę. Posmarować roztrzepanym jajkiem, a następnie maślanką. Rozgrzej olej i dobrze usmaż rybę. Dobrze odcedź i trzymaj w cieple.

Aby przygotować sos, rozgrzej olej i smaż w nim paprykę, odsączonego ananasa i cebulę przez 4 minuty. Dodaj 2 łyżki/30 ml syropu ananasowego, cukier, bulion, ocet winny, koncentrat pomidorowy, skrobię kukurydzianą i sos sojowy, następnie zagotuj, mieszając. Gotuj na małym ogniu, mieszając, aż sos się rozrzedzi i zgęstnieje. Polej rybę i podawaj posypaną szczypiorkiem.

Ryba faszerowana wieprzowiną

dla 4 osób

1 duży karp lub podobna ryba

sól

100 g mielonej wieprzowiny (mielonej)

1 dymka (cebula), drobno posiekana

4 plasterki korzenia imbiru, posiekane

15 ml / 1 łyżka mąki kukurydzianej (skrobi kukurydzianej)

60 ml/4 łyżki sosu sojowego

15 ml/1 łyżka wina ryżowego lub wytrawnego sherry

5 ml/1 łyżeczka cukru

75 ml / 5 łyżek oleju arachidowego (orzeszki ziemne)

2 ząbki posiekanego czosnku

1 pokrojona cebula

300 ml / ¬Ω pt / 1¬° szklanki wody

Rybę oczyszcza się, łuska i posypuje solą. Wymieszać wieprzowinę, dymkę, odrobinę imbiru, skrobię kukurydzianą, 15 ml / 1 łyżkę sosu sojowego, wino lub sherry i cukier, nafaszerować rybę. Rozgrzać olej i smażyć rybę z obu stron do lekkiego zarumienienia, następnie zdjąć z patelni i odsączyć większość oleju. Dodać resztę czosnku i imbiru i smażyć do lekkiego zrumienienia. Dodać pozostały sos sojowy i wodę, doprowadzić do wrzenia i gotować na wolnym ogniu przez 2 minuty. Włóż rybę z powrotem na patelnię, przykryj i gotuj na wolnym ogniu przez około 30 minut, aż ryba będzie ugotowana, obracając raz lub dwa razy.

pikantny karp gotowany na parze

dla 4 osób

1 duży karp lub podobna ryba

150 ml / ¬° pt / ¬Ω hojna filiżanka oleju arachidowego

15ml/1 łyżka cukru

2 ząbki czosnku, drobno posiekane

100 g pędów bambusa, pokrojonych w plasterki

150 ml / ¬° pt / ¬Ω obfita filiżanka zupy rybnej

15 ml/1 łyżka wina ryżowego lub wytrawnego sherry

15 ml/1 łyżka sosu sojowego

2 szalotki (nieprzezroczyste), drobno posiekane

1 plasterek korzenia imbiru, posiekany

15 ml / 1 łyżka soli octu winnego

Rybę oczyszcza się, łuska i moczy w zimnej wodzie przez kilka godzin. Odcedź i osusz, a następnie wykonaj kilka nacięć po obu stronach. Rozgrzewamy olej i smażymy rybę z obu stron. Zdjąć z patelni, wlać i zachować całość oprócz 30 ml/2 łyżki oleju. Do rondelka wsyp cukier i mieszaj, aż masa się ściemnieje. Dodaj czosnek i pędy bambusa i dobrze wymieszaj. Dodać pozostałe składniki, doprowadzić do wrzenia, po czym włożyć rybę z powrotem na patelnię, przykryć i dusić przez około 15 minut, aż ryba będzie ugotowana.

Połóż rybę na rozgrzanym talerzu i polej sosem.

marynowany uchowiec

dla 4 osób

450 g / 1 funt uchowca w puszce

45 ml / 3 łyżki sosu sojowego

30 ml / 2 łyżki octu winnego

5 ml/1 łyżeczka cukru

kilka kropli oleju sezamowego

Ucho odcedź i pokrój w cienkie plasterki lub paski. Wymieszaj pozostałe składniki, polej uchowcem i dobrze wymieszaj. Przykryj i przechowuj w lodówce przez 1 godzinę.

gotowane pędy bambusa

dla 4 osób

60 ml / 4 łyżki oleju arachidowego
225 g pędów bambusa pokrojonych w paski
60 ml / 4 łyżki bulionu z kurczaka
15 ml/1 łyżka sosu sojowego
5 ml/1 łyżeczka cukru
5 ml / 1 łyżeczka wina ryżowego lub wytrawnego sherry

Rozgrzej olej i smaż pędy bambusa przez 3 minuty. Wymieszaj bulion, sos sojowy, cukier i wino lub sherry i wlej na patelnię. Przykryj i gotuj na małym ogniu przez 20 minut. Pozostawić do ostygnięcia i schłodzić przed podaniem.

Kurczak Z Ogórkami

dla 4 osób

1 ogórek, obrany i wydrążony
225 g gotowanego kurczaka, pokrojonego w paski
5 ml/1 łyżeczka musztardy w proszku
2,5 ml / ¬Ω łyżeczki soli
30 ml / 2 łyżki octu winnego

Ogórka pokroić w paski i ułożyć na płaskim talerzu. Połóż kurczaka na wierzchu. Wymieszaj musztardę, sól i ocet winny i polej kurczaka tuż przed podaniem.

sezam z kurczaka

dla 4 osób

350 g gotowanego kurczaka
120 ml / 4 uncje / ¬Ω szklanki wody
5 ml/1 łyżeczka musztardy w proszku
15 ml / 1 łyżka nasion sezamu
2,5 ml / ¬Ω łyżeczki soli
szczypta cukru
45 ml / 3 łyżki świeżej posiekanej kolendry
5 szalotek, drobno posiekanych
¬Ω główki sałaty, posiekane

Kurczaka pokroić w cienkie paski. Wodę mieszamy z musztardą tak, aby uzyskać gładką masę i mieszamy ją z kurczakiem. Na suchej patelni prażymy nasiona sezamu, aż będą lekko złociste, następnie dodajemy je do kurczaka i posypujemy solą i cukrem. Dodać połowę natki pietruszki i szczypiorku, dobrze wymieszać. Połóż sałatkę na talerzu, dodaj mieszankę z kurczakiem i udekoruj pozostałą natką pietruszki.

Liczi z imbirem

dla 4 osób

1 duży arbuz przekrojony na pół i pozbawiony nasion
450 g liczi z puszki, odsączone
5 cm łodyga imbiru, pokrojona w plasterki
trochę liści mięty

Napełnij połowę melona liczi i imbirem, udekoruj listkiem mięty. Ostudzić przed podaniem.

Gotowane na czerwono skrzydełka z kurczaka

dla 4 osób

8 skrzydełek z kurczaka
2 szalotki (nieprzezroczyste), drobno posiekane
75 ml / 5 łyżek sosu sojowego
120 ml / 4 uncje / ¬Ω szklanki wody
30 ml / 2 łyżki brązowego cukru

Odetnij i wyrzuć kości ze skrzydełek kurczaka i przekrój je na pół. Wrzucić do garnka razem z pozostałymi składnikami, zagotować, przykryć i gotować na małym ogniu przez 30 minut. Zdejmij pokrywkę i gotuj przez kolejne 15 minut, często mieszając. Przed podaniem odstaw do ostygnięcia, a następnie wstaw do lodówki.

mięso kraba z ogórkiem

dla 4 osób

100 g mięsa krabowego, płatki
2 ogórki, oczyszczone i starte
1 plasterek korzenia imbiru, posiekany
15 ml/1 łyżka sosu sojowego
30 ml / 2 łyżki octu winnego
5 ml/1 łyżeczka cukru
kilka kropli oleju sezamowego

Umieść mięso kraba i ogórek w misce. Wymieszaj pozostałe składniki, polej mieszaniną mięsa krabowego i dobrze wymieszaj. Przykryj i wstaw do lodówki na 30 minut przed podaniem.

marynowane grzyby

dla 4 osób

225 g grzybów

30 ml/2 łyżki sosu sojowego

15 ml/1 łyżka wina ryżowego lub wytrawnego sherry

szczypta soli

kilka kropli sosu tabasco

kilka kropli oleju sezamowego

Grzyby gotuj we wrzącej wodzie przez 2 minuty, następnie przefiltruj i osusz. Umieścić w misce i zalać pozostałymi składnikami. Dobrze wymieszaj i przechowuj w lodówce przed podaniem.

Pieczarki z marynowanym czosnkiem

dla 4 osób

225 g grzybów

3 ząbki czosnku, posiekane

30 ml/2 łyżki sosu sojowego

30 ml / 2 łyżki wina ryżowego lub wytrawnego sherry

15 ml/1 łyżka oleju sezamowego

szczypta soli

Pieczarki i czosnek włóż do durszlaka, zalej wrzącą wodą i odstaw na 3 minuty. Odcedzić i dobrze wysuszyć. Pozostałe składniki wymieszać, zalać marynatą grzyby i pozostawić do marynowania na 1 godzinę.

Krewetki i Kalafior

dla 4 osób

225 g różyczek kalafiora
100 g krewetek w skorupkach
15 ml/1 łyżka sosu sojowego
5 ml/1 łyżeczka oleju sezamowego

Gotuj kalafior przez około 5 minut, aż będzie miękki, ale nadal chrupiący. Wymieszaj z krewetkami, posyp sosem sojowym i olejem sezamowym, wymieszaj. Ostudzić przed podaniem.

Paluszki szynkowe z sezamem

dla 4 osób

225 g szynki pokrojonej w paski
10 ml / 2 łyżeczki sosu sojowego
2,5 ml / ½ łyżeczki oleju sezamowego

Ułóż szynkę na talerzu do serwowania. Wymieszaj sos sojowy i olej sezamowy, posyp szynką i podawaj.

zimne tofu

dla 4 osób

450 g tofu, pokrojonego w plasterki
45 ml / 3 łyżki sosu sojowego
45 ml / 3 łyżki oleju arachidowego (orzeszki ziemne)
świeżo zmielony pieprz

Kilka plasterków tofu włóż na durszlak, zanurz je we wrzącej wodzie na 40 sekund, następnie odcedź i połóż na talerzu. Zostaw do schłodzenia. Wymieszaj sos sojowy z oliwą, posyp tofu i podawaj posypane pieprzem.

Kurczak z boczkiem

dla 4 osób

225 g kurczaka, pokrojonego w bardzo cienkie plasterki
75 ml / 5 łyżek sosu sojowego
15 ml/1 łyżka wina ryżowego lub wytrawnego sherry
1 zmiażdżony ząbek czosnku
15 ml/1 łyżka brązowego cukru
5 ml/1 łyżeczka soli
5 ml / 1 łyżeczka mielonego korzenia imbiru
225 g chudego boczku, pokrojonego w kostkę
100 g kasztanów wodnych, pokrojonych w bardzo cienkie plasterki
30 ml / 2 łyżki miodu

Umieść kurczaka w misce. Wymieszaj 45 ml/3 łyżki sosu sojowego z winem lub sherry, czosnkiem, cukrem, solą i imbirem, polej kurczaka i marynuj przez ok. Przez 3 godziny. Na patyku do kebaba ułóż kurczaka, bekon i kasztany. Resztę sosu sojowego wymieszaj z miodem i posmaruj kebabem. Grilluj ciasto(a) na rozgrzanym grillu przez około 10 minut, aż będzie ugotowane, często obracając i posmarowując większą ilością glazury w trakcie gotowania.

Frytki z kurczaka i banana

dla 4 osób

2 gotowane piersi z kurczaka

2 twarde banany

6 kromek chleba

4 jajka

120 ml / 4 uncje / ¬Ω szklanki mleka

50 g / 2 uncje / ¬Ω szklanki mąki zwykłej (uniwersalnej)

225 g / 8 uncji / 4 szklanki świeżej bułki tartej

olej do gotowania

Kurczaka pokroić na 24 kawałki. Plantany obierz i pokrój wzdłuż na ćwiartki. Każdą ćwiartkę przekrój na trzy części, aby uzyskać 24 kawałki. Odetnij skórkę z chleba i pokrój go na ćwiartki. Ubij jajko z mlekiem i posmaruj jedną stronę chleba. Połóż kawałek kurczaka i kawałek banana na posmarowanej jajkiem stronie każdego kawałka chleba. Cienkie kwadraty oprósz mąką, następnie zanurz je w jajku i obtocz w bułce tartej. Ponownie zanurzamy w jajku i bułce tartej. Rozgrzej olej i smaż po kilka kwadratów na złoty kolor. Przed podaniem odsączyć na papierze kuchennym.

Kurczak z imbirem i grzybami

dla 4 osób

225 g filetów z piersi kurczaka

5 ml / 1 łyżeczka proszku pięciu smaków

15 ml / 1 łyżka mąki pszennej (uniwersalnej)

120 ml / 4 uncje / ¬Ω szklanki oleju arachidowego

4 szalotki, przekrojone na pół

1 ząbek czosnku, pokrojony w plasterki

1 plasterek korzenia imbiru, posiekany

25 g / 1 uncja / ¬¼ szklanki orzechów nerkowca

5 ml/1 łyżeczka miodu

15 ml/1 łyżka mąki ryżowej

75 ml / 5 łyżek wina ryżowego lub wytrawnego sherry

100 g grzybów pokrojonych w ćwiartki

2,5 ml / ¬Ω łyżeczki kurkumy

6 żółtych papryczek chili przekrojonych na pół

5 ml/1 łyżeczka sosu sojowego

¬Ω sok z cytryny

sól pieprz

4 chrupiące liście sałaty

Pierś kurczaka pokroić ukośnie w poprzek włókien w cienkie paski. Posypać proszkiem pięciu smaków i obtoczyć cienko mąką. Rozgrzej 15 ml / 1 łyżkę oleju i smaż kurczaka, aż się zrumieni. Zdjąć z patelni. Rozgrzej odrobinę oleju i smaż szalotkę, czosnek, imbir i orzechy nerkowca przez 1 minutę. Dodaj miód i mieszaj, aż warzywa zostaną nią pokryte. Posypać mąką, następnie dodać wino lub sherry. Dodaj grzyby, kurkumę i chili i smaż przez 1 minutę. Dodać kurczaka, sos sojowy, sok z połowy limonki, sól i pieprz, następnie podgrzać. Zdjąć z patelni i trzymać w cieple. Rozgrzewamy odrobinę oleju, dodajemy liście sałaty i szybko smażymy, doprawiamy solą, pieprzem i pozostałym sokiem z cytryny.

kurczak i szynka

dla 4 osób

225 g kurczaka, pokrojonego w bardzo cienkie plasterki
75 ml / 5 łyżek sosu sojowego
15 ml/1 łyżka wina ryżowego lub wytrawnego sherry
15 ml/1 łyżka brązowego cukru
5 ml / 1 łyżeczka mielonego korzenia imbiru
1 zmiażdżony ząbek czosnku
225 g szynki gotowanej, pokrojonej w kostkę
30 ml / 2 łyżki miodu

Do miski włóż kurczaka, dodaj 45 ml / 3 łyżki sosu sojowego, wino lub sherry, cukier, imbir i czosnek. Pozostawić do maceracji na 3 godziny. Na patyczki do szaszłyków kebabowych nakładamy kurczaka i szynkę. Resztę sosu sojowego wymieszaj z miodem i posmaruj kebabem. Smażyć ciasto(a) na rozgrzanym grillu przez około 10 minut, często je obracając i polewając glazurą podczas pieczenia.

Grillowana wątróbka z kurczaka

dla 4 osób

450 g / 1 funt wątróbki drobiowej
45 ml / 3 łyżki sosu sojowego
15 ml/1 łyżka wina ryżowego lub wytrawnego sherry
15 ml/1 łyżka brązowego cukru
5 ml/1 łyżeczka soli
5 ml / 1 łyżeczka mielonego korzenia imbiru
1 zmiażdżony ząbek czosnku

Wątróbkę drobiową gotuj we wrzącej wodzie przez 2 minuty, następnie dobrze odcedź. Włóż do miski ze wszystkimi pozostałymi składnikami oprócz oleju i marynuj przez około 3 godziny. Umieść wątróbki drobiowe na patyku do kebaba i grilluj (grill) na rozgrzanym grillu, aż się zarumienią, około 8 minut.

Kulki krabowe z kasztanami wodnymi

dla 4 osób

450 g mięsa krabowego, mielonego
100 g posiekanych kasztanów wodnych
1 zmiażdżony ząbek czosnku
1 cm/¬Ω pokrojony korzeń imbiru, posiekany
45 ml / 3 łyżki mąki kukurydzianej (skrobi kukurydzianej)
30 ml/2 łyżki sosu sojowego
15 ml/1 łyżka wina ryżowego lub wytrawnego sherry
5 ml/1 łyżeczka soli
5 ml/1 łyżeczka cukru
3 ubite jajka
olej do gotowania

Wymieszaj wszystkie składniki oprócz oleju i uformuj kulki. Rozgrzej olej i smaż kulki kraba na złoty kolor. Dobrze odcedź przed podaniem.

Dim sum

dla 4 osób

100 g obranych krewetek, pokrojonych na małe kawałki
225 g chudej wieprzowiny, drobno posiekanej
50 g bok choy, drobno posiekanej
3 szalotki (obrane), drobno posiekane
1 ubite jajko
30 ml / 2 łyżki mąki kukurydzianej (skrobi kukurydzianej)
10 ml / 2 łyżeczki sosu sojowego
5 ml/1 łyżeczka oleju sezamowego
5 ml/1 łyżeczka sosu ostrygowego
24 skórki wontonów
olej do gotowania

Wymieszaj krewetki, wieprzowinę, kapustę i dymkę. Wymieszaj jajko, olej, sos sojowy, olej sezamowy i sos ostrygowy. Rozłóż mieszaninę na środku każdej skórki wonton. Ostrożnie dociśnij opakowanie do nadzienia, tak aby krawędzie się ze sobą złączyły, ale góra pozostała otwarta. Rozgrzewamy olej i smażymy dim sumy kilka razy na złoty kolor. Dobrze odcedź i podawaj na gorąco.

Roladki z szynką i kurczakiem

dla 4 osób

2 piersi z kurczaka
1 zmiażdżony ząbek czosnku
2,5 ml / ¬Ω łyżeczki soli
2,5 ml / ¬Ω łyżeczki proszku pięciu przypraw
4 plasterki gotowanej szynki
1 ubite jajko
30 ml / 2 łyżki mleka
25 g / 1 uncja / ¬° szklanki mąki zwykłej (uniwersalnej)
Skorupki 4 bułek jajecznych
olej do gotowania

Pierś z kurczaka przekrój na pół. Ubijaj je, aż będą bardzo gładkie. Wymieszaj czosnek, sól i proszek pięciu smaków i posyp kurczaka. Na każdym kawałku kurczaka połóż plasterek szynki i mocno zwiń. Wymieszaj jajko i mleko. Cienkie kawałki kurczaka obtocz w mące, a następnie zanurz w mieszance jajecznej. Każdy kawałek ułóż na skórce bułki jajecznej i posmaruj jej brzegi roztrzepanym jajkiem. Złóż boki, a następnie zwiń, ściskając krawędzie, aby je uszczelnić. Rozgrzej olej i smaż bułki na złoty kolor przez około 5 minut.

smażymy do zrumienienia, odsączamy na papierze kuchennym, następnie kroimy w grube ukośne plastry i podajemy.

Pieczone kiełki szynki

dla 4 osób

350 g mąki zwykłej (uniwersalnej)
175 g / 6 uncji / ½ szklanki masła
120 ml / 4 uncje / ¬Ω szklanki wody
225 g posiekanej szynki
100 g posiekanych pędów bambusa
2 szalotki (nieprzezroczyste), drobno posiekane
15 ml/1 łyżka sosu sojowego
30 ml / 2 łyżki nasion sezamu

Do miski wsyp mąkę i rozdrobnij w niej masło. Wymieszaj z wodą, aby uzyskać pastę. Rozwałkuj ciasto i pokrój je w koła o średnicy 5 cm. Wymieszaj pozostałe składniki oprócz nasion sezamu i nałóż po łyżce na każde kółko. Brzegi ciasta posmaruj wodą i sklej. Z zewnątrz posmaruj wodą i posyp sezamem. Piec w piekarniku nagrzanym do 180 C / 350 F / gaz 4 przez 30 minut.

ryby pseudowędzone

dla 4 osób

1 okoń morski

3 plasterki korzenia imbiru, pokrojone w plasterki

1 zmiażdżony ząbek czosnku

1 cebula dymka (cebula), pokrojona w grube plasterki

75 ml / 5 łyżek sosu sojowego

30 ml / 2 łyżki wina ryżowego lub wytrawnego sherry

2,5 ml / ¬Ω łyżeczki mielonego anyżu

2,5 ml / ¬Ω łyżeczki oleju sezamowego

10 ml / 2 łyżeczki cukru

120 ml / 4 uncje / ¬Ω szklanki bulionu

olej do gotowania

5 ml / 1 łyżeczka mąki kukurydzianej (skrobi kukurydzianej)

Rybę obierz i pokrój w 5-milimetrowe plastry w poprzek włókien. Wymieszaj imbir, czosnek, dymkę, 60 ml / 4 łyżki sosu sojowego, sherry, anyż i olej sezamowy. Polać rybę i delikatnie wymieszać. Odstawiamy na 2 godziny, od czasu do czasu obracając.

Odcedź marynatę na patelnię i osusz rybę na papierze kuchennym. Dodać cukier, bulion i resztę sosu sojowego

marynatę, doprowadzić do wrzenia i gotować na wolnym ogniu przez 1 minutę. Jeśli sos wymaga zagęszczenia, skrobię kukurydzianą zmieszaj z odrobiną zimnej wody, wmieszaj do sosu i gotuj, mieszając, aż sos zgęstnieje.

W międzyczasie rozgrzej olej i smaż rybę, aż się zarumieni. Dobrze odcedź. Zanurz kawałki ryby w marynacie, a następnie ułóż je na gorącym talerzu. Podawać na gorąco lub na zimno.

Pieczarka faszerowana

dla 4 osób

12 dużych czapek suszonych grzybów
225 g mięsa kraba
3 posiekane kasztany wodne
2 szalotki (nieprzezroczyste), drobno posiekane
1 białko jaja
15 ml / 1 łyżka mąki kukurydzianej (skrobi kukurydzianej)
15 ml/1 łyżka sosu sojowego
15 ml/1 łyżka wina ryżowego lub wytrawnego sherry

Grzyby namoczyć na noc w letniej wodzie. Naciśnij do wyschnięcia. Wymieszaj pozostałe składniki i napełnij kapelusze grzybów. Połóż na grillu i gotuj na parze przez 40 minut. Podaje się na gorąco.

Grzyby z sosem ostrygowym

dla 4 osób

10 suszonych grzybów chińskich
250 ml / 8 uncji / 1 szklanka bulionu wołowego
15 ml / 1 łyżka mąki kukurydzianej (skrobi kukurydzianej)
30 ml / 2 łyżki sosu ostrygowego
5 ml / 1 łyżeczka wina ryżowego lub wytrawnego sherry

Grzyby namoczyć w ciepłej wodzie na 30 minut, następnie odcedzić i zachować 250 ml / 8 uncji / 1 filiżankę płynu do namaczania. Odrzuć łodygi. Zmieszaj 60 ml / 4 łyżki bulionu wołowego z mąką kukurydzianą, aż uzyskasz pastę. Pozostały bulion wołowy zagotować z grzybami i płynem grzybowym, przykryć i dusić przez 20 minut. Wyjmij grzyby z płynu łyżką cedzakową i połóż na ciepłym talerzu. Dodaj sos ostrygowy i sherry na patelnię i smaż, mieszając, przez 2 minuty. Dodać makaron kukurydziany i dusić, mieszając, aż sos zgęstnieje. Polej grzybami i podawaj razem.

Rolada wieprzowa i sałatka

dla 4 osób

4 suszone grzyby chińskie
15 ml/1 łyżka oleju arachidowego
225 g chudej wieprzowiny, mielonej
100 g posiekanych pędów bambusa
100 g posiekanych kasztanów wodnych
4 szalotki (obrane), drobno posiekane
175 g mięsa kraba, płatki
30 ml / 2 łyżki wina ryżowego lub wytrawnego sherry
15 ml/1 łyżka sosu sojowego
10 ml / 2 łyżeczki sosu ostrygowego
10 ml / 2 łyżeczki oleju sezamowego
9 chińskich znaków

Grzyby namoczyć w ciepłej wodzie na 30 minut, następnie odcedzić. Odrzuć łodygi i odetnij wierzchołki. Rozgrzej olej i smaż wieprzowinę przez 5 minut. Dodać grzyby, pędy bambusa, kasztany wodne, szczypiorek i mięso kraba i smażyć przez 2 minuty. Połączyć wino lub sherry, sos sojowy, sos ostrygowy i olej sezamowy i wymieszać na patelni. Zdjąć z ognia. W międzyczasie gotuj liście chińskie we wrzącej wodzie przez 1 minutę

spłynąć w dół. Połóż łyżkę mieszanki wieprzowej na środku każdego arkusza, złóż ją po bokach, a następnie zwiń i podawaj.

Pulpety wieprzowe i kasztany

dla 4 osób

450 g / 1 funt mielonej wieprzowiny (mielonej)
50 g grzybów, drobno posiekanych
50 g kasztanów wodnych, drobno posiekanych
1 zmiażdżony ząbek czosnku
1 ubite jajko
30 ml/2 łyżki sosu sojowego
15 ml/1 łyżka wina ryżowego lub wytrawnego sherry
5 ml / 1 łyżeczka mielonego korzenia imbiru
5 ml/1 łyżeczka cukru
sól
30 ml / 2 łyżki mąki kukurydzianej (skrobi kukurydzianej)
olej do gotowania

Wymieszaj wszystkie składniki oprócz mąki kukurydzianej i uformuj ciasto w kulki. Jest zawinięte w mąkę kukurydzianą. Rozgrzej olej i smaż klopsiki na złoty kolor przez około 10 minut. Dobrze odcedzić przed podaniem.

pierogi wieprzowe

o 4'6

450 g/1 funt mąki zwykłej (uniwersalnej)
500 ml / 17 uncji / 2 szklanki wody
450 g / 1 funt gotowanej wieprzowiny, mielonej
225 g krewetek w skorupkach, pokrojonych na małe kawałki
4 łodygi selera, drobno posiekane
15 ml/1 łyżka sosu sojowego
15 ml/1 łyżka wina ryżowego lub wytrawnego sherry
15 ml/1 łyżka oleju sezamowego
5 ml/1 łyżeczka soli
2 szalotki (nieprzezroczyste), drobno posiekane
2 ząbki posiekanego czosnku
1 plasterek korzenia imbiru, posiekany

Mąkę i wodę wymieszać na gładkie ciasto i dobrze zagnieść. Przykryj i odstaw na 10 minut. Ciasto rozwałkowujemy najcieniej jak to możliwe i wycinamy koła o średnicy 5 cm, mieszamy pozostałe składniki. Do każdego koła nałóż łyżkę mieszanki, zwilż brzegi i zlep półkolem. W garnku zagotuj wodę, następnie ostrożnie włóż klopsiki do wody.

Pieczona wieprzowina i wołowina

dla 4 osób

100 g mielonej wieprzowiny (mielonej)
100 g mielonej wołowiny (mielonej)
1 plasterek boczku, drobno posiekany (mielony)
15 ml/1 łyżka sosu sojowego
sól pieprz
1 ubite jajko
30 ml / 2 łyżki mąki kukurydzianej (skrobi kukurydzianej)
olej do gotowania

Mięso mielone wymieszać z boczkiem, doprawić solą i pieprzem. Zawiązuje się je jajkiem, formuje kulki wielkości orzecha włoskiego i posypuje mąką kukurydzianą. Rozgrzej olej i smaż na złoty kolor. Dobrze odcedzić przed podaniem.

Krewetka motylkowa

dla 4 osób

450 g / 1 funt obranych dużych krewetek
15 ml/1 łyżka sosu sojowego
5 ml / 1 łyżeczka wina ryżowego lub wytrawnego sherry
5 ml / 1 łyżeczka mielonego korzenia imbiru
2,5 ml / ¬Ω łyżeczki soli
2 ubite jajka
30 ml / 2 łyżki mąki kukurydzianej (skrobi kukurydzianej)
15 ml / 1 łyżka mąki pszennej (uniwersalnej)
olej do gotowania

Przekrój krewetkę przez środek grzbietu i rozłóż ją, tworząc motyla. Wymieszaj sos sojowy, wino lub sherry, imbir i sól. Polać krewetkami i pozostawić do marynowania na 30 minut. Wyjmij z marynaty i odcedź. Jajka ubić ze skrobią kukurydzianą i mąką na ciasto, następnie zanurzyć w cieście krewetki. Rozgrzej olej i smaż krewetki na złoty kolor. Dobrze odcedzić przed podaniem.

Chińskie krewetki

dla 4 osób

450 g / 1 funt nieobranych krewetek
30 ml / 2 łyżki sosu Worcestershire
15 ml/1 łyżka sosu sojowego
15 ml/1 łyżka wina ryżowego lub wytrawnego sherry
15 ml/1 łyżka brązowego cukru

Umieść krewetki w misce. Pozostałe składniki wymieszać, polać krewetkami i odstawić do marynowania na 30 minut. Ułożyć na blasze do pieczenia i piec w nagrzanym piekarniku w temperaturze 150°C/300°F/gaz, stopień 2, przez 25 minut. Podaje się je na ciepło lub na zimno w muszli, by goście byli zachwyceni.

Ciasteczka Krewetkowe

dla 4 osób

100 g krakersów krewetkowych
olej do gotowania

Rozgrzej olej do bardzo gorącego. Dodawaj po garści krakersów krewetkowych i smaż przez kilka sekund, aż się napęcznieją. Wyjmij z oleju i odsącz na papierze kuchennym, kontynuując pieczenie ciasteczek.

chrupiące krewetki

dla 4 osób

450 g kraba tygrysiego w łupinach
15 ml/1 łyżka wina ryżowego lub wytrawnego sherry
10 ml / 2 łyżeczki sosu sojowego
5 ml / 1 łyżeczka proszku pięciu smaków
sól pieprz
90 ml / 6 łyżek mąki kukurydzianej (skrobi kukurydzianej)
2 ubite jajka
100 g bułki tartej
olej arachidowy do smażenia

Wymieszaj krewetki z winem lub sherry, sosem sojowym i proszkiem pięciu przypraw, a następnie dopraw solą i pieprzem. Obtocz je w mące kukurydzianej, a następnie posmaruj roztrzepanym jajkiem i bułką tartą. Smażyć na rozgrzanym oleju przez kilka minut, aż staną się lekko złociste, następnie odcedzić i od razu podawać.

Krewetki z sosem imbirowym

dla 4 osób

15 ml/1 łyżka sosu sojowego
5 ml / 1 łyżeczka wina ryżowego lub wytrawnego sherry
5 ml/1 łyżeczka oleju sezamowego
450 g / 1 funt krewetek w skorupkach
30 ml / 2 łyżki posiekanej świeżej natki pietruszki
15 ml/1 łyżka octu winnego
5 ml / 1 łyżeczka mielonego korzenia imbiru

Dodaj sos sojowy, wino lub sherry i olej sezamowy. Polać krewetkami, przykryć i marynować przez 30 minut. Grilluj krewetki przez kilka minut, aż będą ugotowane, a następnie posmaruj je marynatą. W międzyczasie wymieszaj z krewetkami natkę pietruszki, ocet winny i imbir.

Roladki z krewetkami i makaronem

dla 4 osób

50 g makaronu jajecznego, podzielonego na kawałki
15 ml/1 łyżka oleju arachidowego
50 g chudej wieprzowiny, drobno posiekanej
100 g drobno posiekanych grzybów
3 szalotki (obrane), drobno posiekane
100 g obranych krewetek, pokrojonych na małe kawałki
15 ml/1 łyżka wina ryżowego lub wytrawnego sherry
sól pieprz
24 skórki wontonów
1 ubite jajko
olej do gotowania

Makaron gotujemy we wrzącej wodzie przez 5 minut, następnie odcedzamy i kroimy na kawałki. Rozgrzej olej i smaż wieprzowinę przez 4 minuty. Dodaj grzyby i cebulę, smaż przez 2 minuty, a następnie zdejmij z ognia. Dodaj krewetki, wino lub sherry i makaron, dopraw solą i pieprzem do smaku. Połóż kawałek ciasta na środku każdej muszli wonton i posmaruj krawędzie roztrzepanym jajkiem. Złóż krawędzie, a następnie zwiń papier do pakowania i sklej krawędzie. Rozgrzewamy olej i chwilę smażymy bułeczki

po kilka na raz, przez około 5 minut, aż się zrumienią. Przed podaniem odsączyć na papierze kuchennym.

krewetki Toast

dla 4 osób

2 jajka 450 g / 1 funt krewetki, oczyszczone, posiekane
15 ml / 1 łyżka mąki kukurydzianej (skrobi kukurydzianej)
1 drobno posiekana cebula
30 ml/2 łyżki sosu sojowego
15 ml/1 łyżka wina ryżowego lub wytrawnego sherry
5 ml/1 łyżeczka soli
5 ml / 1 łyżeczka mielonego korzenia imbiru
8 kromek chleba pokrojonych w trójkąty
olej do gotowania

Wymieszaj 1 jajko z resztą składników oprócz chleba i oleju. Wlać mieszaninę na trójkąty chlebowe i uformować kopułę. Posmaruj pozostałym jajkiem. Rozgrzej około 5 cm oleju i smaż trójkąty chleba na brązowy kolor. Dobrze odcedź przed podaniem.

Wonton wieprzowo-krabowy z sosem słodko-kwaśnym

dla 4 osób

120 ml / 4 uncje / ½ szklanki wody
60 ml / 4 łyżki octu winnego
60 ml / 4 łyżki brązowego cukru
30 ml / 2 łyżki koncentratu pomidorowego (makaron)
10 ml / 2 łyżeczki mąki kukurydzianej (skrobi kukurydzianej)
25 g posiekanych grzybów
25 g krewetek, obranych i posiekanych
50 g chudej wieprzowiny, mielonej
2 szalotki (nieprzezroczyste), drobno posiekane
5 ml/1 łyżeczka sosu sojowego
2,5 ml / ½ łyżeczki startego korzenia imbiru
1 zmiażdżony ząbek czosnku
24 skórki wontonów
olej do gotowania

Połącz wodę, ocet winny, cukier, koncentrat pomidorowy i mąkę kukurydzianą w małym rondlu. Doprowadzić do wrzenia, ciągle mieszając, następnie gotować na wolnym ogniu przez 1 minutę. Zdejmij z ognia i trzymaj w cieple.

Wymieszaj grzyby, krewetki, wieprzowinę, zieloną herbatę, sos sojowy, imbir i czosnek. Na każdą skórkę nakładamy po łyżce farszu, brzegi smarujemy wodą i dociskamy. Rozgrzej olej i smaż wontony jeden po drugim, aż uzyskają złoty kolor. Odsączyć na papierze kuchennym i podawać gorące z sosem słodko-kwaśnym.

Rosół

Wydajność: 2 litry / 3½ pt. / 8½ kubka

1,5 kg gotowanych lub surowych kości kurczaka
450 g/1 funt kości wieprzowych
1 cm / ½ kawałka korzenia imbiru
3 cebule dymki (cebule), pokrojone w plasterki
1 zmiażdżony ząbek czosnku
5 ml/1 łyżeczka soli
2,25 litra / 4 punkty / 10 szklanek wody

Wszystkie składniki zagotować, przykryć i dusić przez 15 minut. Odetnij tłuszcz. Przykryj i gotuj na małym ogniu przez 1 1/2 godziny. Przefiltrować, ostudzić i odtłuścić. Zamrażaj w małych ilościach lub przechowuj w lodówce i zużyj w ciągu 2 dni.

Zupa z wieprzowiny i kiełków fasoli

dla 4 osób

450 g / 1 funt wieprzowiny, pokrojonej w kostkę
1,5 l / 2½ pt. / 6 szklanek zupy z kurczaka
5 plasterków korzenia imbiru
350 g kiełków fasoli
15 ml/1 łyżka soli

Mięso wieprzowe gotujemy 10 minut we wrzącej wodzie, następnie odcedzamy. Doprowadź bulion do wrzenia, dodaj wieprzowinę i imbir. Przykryj i gotuj na małym ogniu przez 50 minut. Dodaj kiełki fasoli i sól i gotuj na wolnym ogniu przez 20 minut.

Zupa z uchowców i grzybów

dla 4 osób

60 ml / 4 łyżki oleju arachidowego

100 g chudej wieprzowiny pokrojonej w paski

225 g uchowca w puszkach, pokrojonego w paski

100 g grzybów pokrojonych w plasterki

2 łodygi selera, pokrojone w plasterki

50 g szynki pokrojonej w paski

2 drobno posiekane cebule

1,5 l / 2½ pt. / 6 szklanek wody

30 ml / 2 łyżki octu winnego

45 ml / 3 łyżki sosu sojowego

2 plasterki korzenia imbiru, posiekane

sól i świeżo zmielony pieprz

15 ml / 1 łyżka mąki kukurydzianej (skrobi kukurydzianej)

45 ml / 3 łyżki wody

Rozgrzać olej i smażyć wieprzowinę, uchowce, pieczarki, seler, szynkę i cebulę przez 8 minut. Dodać wodę i ocet winny, doprowadzić do wrzenia, przykryć i gotować na wolnym ogniu przez 20 minut. Dodać sos sojowy, imbir, sól i pieprz. Mieszaj mąkę kukurydzianą, aż uzyskasz pastę wodę, wymieszać z zupą i gotować przez 5 minut, mieszając, aż zupa się przejaśni i zgęstnieje.

Zupa z kurczaka i szparagów

dla 4 osób

100 g kurczaka, mielonego

2 białka jaj

2,5 ml / ½ łyżeczki soli

30 ml / 2 łyżki mąki kukurydzianej (skrobi kukurydzianej)

225 g szparagów, pokrojonych na 5 cm / 2 kawałki

100 g kiełków fasoli

1,5 l / 2½ pt. / 6 szklanek zupy z kurczaka

100 g grzybów

Wymieszaj kurczaka z białkiem, solą i skrobią kukurydzianą, a następnie odstaw na 30 minut. Pierś z kurczaka gotuj we wrzącej wodzie przez 10 minut, następnie dobrze odcedź. Szparagi gotujemy we wrzącej wodzie przez 2 minuty, następnie odcedzamy. Kiełki fasoli blanszować we wrzącej wodzie przez 3 minuty, następnie odcedzić. Bulion wlać do dużego rondla, dodać kurczaka, szparagi, grzyby i kiełki fasoli. Doprowadź do wrzenia i dodaj sól do smaku. Gotuj przez kilka minut, aby rozwinąć smak i aż warzywa będą miękkie, ale nadal chrupiące.

Zupa z wołowiny

dla 4 osób

225 g mielonej wołowiny (mielonej)
15 ml/1 łyżka sosu sojowego
15 ml/1 łyżka wina ryżowego lub wytrawnego sherry
15 ml / 1 łyżka mąki kukurydzianej (skrobi kukurydzianej)
1,2 l / 2 punkty / 5 szklanek rosołu
5 ml/1 łyżeczka sosu chili
sól pieprz
2 ubite jajka
6 dymek (cebul), drobno posiekanych

Mięso wymieszać z sosem sojowym, winem lub sherry i skrobią kukurydzianą. Dodajemy do bulionu i stopniowo doprowadzamy do wrzenia cały czas mieszając. Dodać sos chili, sól i pieprz do smaku, przykryć i dusić około 10 minut, od czasu do czasu mieszając. Dodać jajko i podawać posypane szczypiorkiem.

Chińska zupa z wołowiną i liśćmi

dla 4 osób

200 g chudej wołowiny pokrojonej w paski
15 ml/1 łyżka sosu sojowego
15 ml/1 łyżka oleju arachidowego
1,5 l / 2½ pt. / 6 szklanek bulionu wołowego
5 ml/1 łyżeczka soli
2,5 ml / ½ łyżeczki cukru
½ główki liścia chińskiego, pokrojonego na kawałki

Mięso wymieszać z sosem sojowym i olejem, następnie marynować przez 30 minut, od czasu do czasu mieszając. Zagotuj bulion z solą i cukrem, dodaj liście chińskie i gotuj na wolnym ogniu przez około 10 minut, aż prawie się zagotują. Dodać mięso i smażyć kolejne 5 minut.

Kapuśniak

dla 4 osób

60 ml / 4 łyżki oleju arachidowego
2 drobno posiekane cebule
100 g chudej wieprzowiny pokrojonej w paski
225 g bok choy, posiekanej
10 ml / 2 łyżeczki cukru
1,2 l / 2 punkty / 5 szklanek rosołu
45 ml / 3 łyżki sosu sojowego
sól pieprz
15 ml / 1 łyżka mąki kukurydzianej (skrobi kukurydzianej)

Rozgrzej olej i podsmaż cebulę i wieprzowinę na lekko złoty kolor. Dodać kapustę i cukier i smażyć przez 5 minut. Dodać bulion i sos sojowy, doprawić solą i pieprzem do smaku. Doprowadź do wrzenia, przykryj i gotuj na wolnym ogniu przez 20 minut. Kaszę kukurydzianą wymieszać z odrobiną wody, dodać do zupy i gotować, mieszając, aż zupa zgęstnieje i będzie klarowna.

Pikantna zupa wołowa

dla 4 osób

45 ml / 3 łyżki oleju arachidowego (orzeszki ziemne)
1 zmiażdżony ząbek czosnku
5 ml/1 łyżeczka soli
225 g mielonej wołowiny (mielonej)
6 dymek (cebul), pokrojonych w paski
1 czerwona papryka pokrojona w paski
1 zielona papryka pokrojona w paski
225 g kapusty, posiekanej
1 l / 1¾ pt / 4¼ szklanki bulionu wołowego
30 ml/2 łyżki sosu śliwkowego
30 ml / 2 łyżki sosu hoisin
45 ml / 3 łyżki sosu sojowego
2 łodygi imbiru, posiekane
2 jajka
5 ml/1 łyżeczka oleju sezamowego
225 g przezroczystego makaronu, namoczonego

Rozgrzej oliwę i podsmaż czosnek i sól, aż staną się lekko złociste. Dodać mięso i szybko smażyć. Dodaj warzywa i smaż, aż będą przezroczyste. Dodać bulion, sos śliwkowy, sos hoisin 30 ml/2

łyżki sosu sojowego i imbiru, doprowadzić do wrzenia i gotować przez 10 minut. Jajka ubić z olejem sezamowym i resztą sosu sojowego. Dodaj go do zupy z makaronem i gotuj, mieszając, aż jajko się zetnie, a makaron będzie miękki.

niebiańska zupa

dla 4 osób

2 szalotki (nieprzezroczyste), drobno posiekane
1 zmiażdżony ząbek czosnku
30 ml / 2 łyżki posiekanej świeżej natki pietruszki
5 ml/1 łyżeczka soli
15 ml/1 łyżka oleju arachidowego
30 ml/2 łyżki sosu sojowego
1,5 l / 2½ pt. / 6 szklanek wody

Wymieszaj szczypiorek, czosnek, pietruszkę, sól, olej i sos sojowy. Zagotuj wodę, zalej ją mieszanką szczypiorku i odstaw na 3 minuty.

Zupa z kurczaka i pędów bambusa

dla 4 osób

2 udka z kurczaka
30 ml / 2 łyżki oleju arachidowego
5 ml / 1 łyżeczka wina ryżowego lub wytrawnego sherry
1,5 l / 2½ pt. / 6 szklanek zupy z kurczaka
3 szczypiorek, pokrojony w plasterki
100 g pędów bambusa, pokrojonych w kostkę
5 ml / 1 łyżeczka mielonego korzenia imbiru
sól

Kurczaka obieramy z kości, a mięso kroimy w kostkę. Rozgrzewamy olej i obsmażamy pierś z kurczaka ze wszystkich stron. Dodajemy bulion, zieloną herbatę, pędy bambusa i imbir, doprowadzamy do wrzenia i gotujemy około 20 minut, aż kurczak będzie miękki. Przed podaniem dodać sól do smaku.

Zupa z kurczaka i kukurydzy

dla 4 osób

1 l / 1¾ pt. / 4¼ szklanki bulionu z kurczaka
100 g kurczaka, pokrojonego w kostkę
200 g kremu ze słodkiej kukurydzy
plasterek posiekanej szynki
rozbite jajko
15 ml/1 łyżka wina ryżowego lub wytrawnego sherry

Zagotuj bulion i kurczaka, przykryj i gotuj na wolnym ogniu przez 15 minut. Dodać kukurydzę i szynkę, przykryć i dusić przez 5 minut. Dodać jajko i sherry, delikatnie wymieszać wykałaczką, tak aby jajka utworzyły nitki. Zdejmij z ognia, przykryj i odstaw na 3 minuty przed podaniem.

Zupa Z Kurczaka Imbirowego

dla 4 osób

4 suszone grzyby chińskie

1,5 l / 2½ pt. / 6 szklanek wody lub bulionu z kurczaka

225 g kurczaka, pokrojonego w kostkę

10 plasterków korzenia imbiru

5 ml / 1 łyżeczka wina ryżowego lub wytrawnego sherry

sól

Grzyby namoczyć w ciepłej wodzie na 30 minut, następnie odcedzić. Odrzuć łodygi. Wodę lub bulion zagotuj z pozostałymi składnikami i gotuj na wolnym ogniu przez około 20 minut, aż kurczak będzie ugotowany.

Chińska zupa grzybowa z kurczakiem

dla 4 osób

25 g / 1 uncja suszonych grzybów chińskich
100 g kurczaka, mielonego
50 g pędów bambusa, pokruszonych
30 ml/2 łyżki sosu sojowego
30 ml / 2 łyżki wina ryżowego lub wytrawnego sherry
1,2 l / 2 punkty / 5 szklanek rosołu

Grzyby namoczyć w ciepłej wodzie na 30 minut, następnie odcedzić. Odrzuć łodygi i odetnij wierzchołki. Blanszuj grzyby, kurczaka i pędy bambusa we wrzącej wodzie przez 30 sekund, następnie odcedź. Umieść je w misce, dodaj sos sojowy i wino lub sherry. Pozostawić do maceracji na 1 godzinę. Zagotuj bulion, dodaj mieszankę z kurczaka i marynatę. Dobrze wymieszaj i smaż kilka minut, aż kurczak będzie miękki.

Zupa z kurczakiem i ryżem

dla 4 osób

1 l / 1¾ pt. / 4¼ szklanki bulionu z kurczaka
225 g / 8 uncji / 1 szklanka ugotowanego ryżu długoziarnistego
4 uncje/100 g ugotowanego kurczaka, pokrojonego w paski
1 cebula, pokrojona w krążki
5 ml/1 łyżeczka sosu sojowego

Ostrożnie podgrzej wszystkie składniki, aż będą gorące, nie gotując zupy.

Zupa z kurczakiem i kokosem

dla 4 osób

350 g piersi z kurczaka

sól

10 ml / 2 łyżeczki mąki kukurydzianej (skrobi kukurydzianej)

30 ml / 2 łyżki oleju arachidowego

1 zielone chili, posiekane

1 l / 1¾ pt / 4¼ szklanki mleka kokosowego

5 ml / 1 łyżeczka startej skórki z cytryny

12 liczi

szczypta startej gałki muszkatołowej

sól i świeżo zmielony pieprz

2 liście trawy cytrynowej

Pierś kurczaka pokroić w paski ukośnie w poprzek włókien. Posyp solą i obtocz w mące kukurydzianej. W woku rozgrzać 10 ml/2 łyżeczki oleju, obrócić i wlać. Powtórz jeszcze raz. Rozgrzej pozostały olej i smaż kurczaka i chili przez 1 minutę. Dodać mleko kokosowe i doprowadzić do wrzenia. Dodaj skórkę z cytryny i gotuj przez 5 minut. Dodać liczi, doprawić gałką muszkatołową, solą i pieprzem i podawać udekorowane trawą cytrynową.

Chowder z mięczaków

dla 4 osób

2 suszone grzyby chińskie
12 małży, namoczonych i umytych
1,5 l / 2½ pt. / 6 szklanek zupy z kurczaka
50 g pędów bambusa, pokruszonych
50 g groszku śnieżnego (grochu), przekrojonego na pół
2 cebule dymki (cebule), pokrojone w plasterki
15 ml/1 łyżka wina ryżowego lub wytrawnego sherry
świeżo zmielony pieprz w proszku

Grzyby namoczyć w ciepłej wodzie na 30 minut, następnie odcedzić. Odrzuć łodygi, a wierzchołki przekrój na pół. Gotuj na parze muszle przez około 5 minut, aż się otworzą; wyrzuć te, które pozostają zamknięte. Wyjmij małże ze skorupy. Zagotuj bulion, dodaj grzyby, pędy bambusa, groszek śnieżny i dymkę. Gotuj bez przykrycia przez 2 minuty. Dodaj małże, wino lub sherry, dopraw pieprzem i smaż, aż się zarumieni.

Zupa jajeczna

dla 4 osób

1,2 l / 2 punkty / 5 szklanek rosołu
3 ubite jajka
45 ml / 3 łyżki sosu sojowego
sól i świeżo zmielony pieprz
4 dymki (cebule), pokrojone w plasterki

Zagotuj bulion. Stopniowo dodawaj ubite jajka, tak aby masa stała się sztywna. Dodać sos sojowy oraz sól i pieprz do smaku. Podaje się je udekorowane szczypiorkiem.

Paluszki krabowe i małże

dla 4 osób

4 suszone grzyby chińskie

15 ml/1 łyżka oleju arachidowego

1 ubite jajko

1,5 l / 2½ pt. / 6 szklanek zupy z kurczaka

175 g mięsa kraba, płatki

100 g przegrzebków łuskanych, pokrojonych w plasterki

100 g pędów bambusa, pokrojonych w plasterki

2 szalotki (nieprzezroczyste), drobno posiekane

1 plasterek korzenia imbiru, posiekany

kilka ugotowanych i oczyszczonych krewetek (opcjonalnie)

45 ml / 3 łyżki mąki kukurydzianej (skrobi kukurydzianej)

90 ml / 6 łyżek wody

30 ml / 2 łyżki wina ryżowego lub wytrawnego sherry

20 ml / 4 łyżeczki sosu sojowego

2 białka jaj

Grzyby namoczyć w ciepłej wodzie na 30 minut, następnie odcedzić. Usuń łodygi i cienko pokrój wierzchołki. Rozgrzej olej, wbij jajko i przechyl patelnię tak, aby jajko przykryło dno. gotuj do tego czasu

wyłącz, następnie odwróć i smaż również z drugiej strony.
Wyjmij z formy, zwiń i pokrój w cienkie paski.

Zagotuj bulion, dodaj grzyby, paski jajek, mięso kraba, małże, pędy bambusa, cebulę, imbir i krewetki, jeśli używasz. Zagotujmy to jeszcze raz. Mąkę kukurydzianą wymieszaj z 60 ml / 4 łyżkami wody, winem lub sherry i sosem sojowym i dodaj do zupy. Gotuj na małym ogniu, mieszając, aż zupa zgęstnieje. Białko ubić z pozostałą wodą i powoli wlewać do zupy, energicznie mieszając.

zupa krabowa

dla 4 osób

90 ml / 6 łyżek oleju arachidowego
3 drobno posiekane cebule
225 g brązowego i białego mięsa kraba
1 plasterek korzenia imbiru, posiekany
1,2 l / 2 punkty / 5 szklanek rosołu
150 ml / ¼ pt. / szklanka wina ryżowego lub wytrawnej sherry
45 ml / 3 łyżki sosu sojowego
sól i świeżo zmielony pieprz

Rozgrzej oliwę i podsmaż cebulę, aż zmięknie, ale nie będzie brązowa. Dodaj mięso krabowe i imbir i smaż przez 5 minut. Dodać bulion, wino lub sherry i sos sojowy, doprawić solą i pieprzem. Doprowadzić do wrzenia, następnie gotować na wolnym ogniu przez 5 minut.

Zupa rybna

dla 4 osób

225 g filetów rybnych
1 plasterek korzenia imbiru, posiekany
15 ml/1 łyżka wina ryżowego lub wytrawnego sherry
30 ml / 2 łyżki oleju arachidowego
1,5 l / 2½ pt. / 6 szklanek zupy rybnej

Rybę pokroić w cienkie paski w stosunku do oczu. Wymieszaj imbir, wino lub sherry i oliwę, dodaj rybę i delikatnie wymieszaj. Pozostawić do maceracji na 30 minut, od czasu do czasu obracając je. Zagotuj bulion, dodaj rybę i gotuj przez 3 minuty.

Zupa rybna i sałatka

dla 4 osób

225 g filetów z białej ryby
30 ml / 2 łyżki mąki pszennej (uniwersalnej)
sól i świeżo zmielony pieprz
90 ml / 6 łyżek oleju arachidowego
6 cebul dymki (cebuli), pokrojonych w plasterki
100 g sałaty, posiekanej
1,2 l / 2 punkty / 5 szklanek wody
10 ml / 2 łyżeczki drobno posiekanego korzenia imbiru
150 ml / ¼ pt / hojne ½ szklanki wina ryżowego lub wytrawnego sherry
30 ml / 2 łyżki mąki kukurydzianej (skrobi kukurydzianej)
30 ml / 2 łyżki posiekanej świeżej natki pietruszki
10 ml / 2 łyżeczki soku z cytryny
30 ml/2 łyżki sosu sojowego

Rybę pokroić w cienkie paski, następnie dodać przyprawioną mąkę. Rozgrzej oliwę i podsmaż cebulę dymkę, aż będzie miękka. Dodaj sałatkę i smaż przez 2 minuty. Dodaj rybę i gotuj przez 4 minuty. Dodać wodę, imbir i wino lub sherry, doprowadzić do wrzenia, przykryć i gotować na wolnym ogniu przez 5 minut. Mąkę kukurydzianą wymieszaj z odrobiną wody i dodaj do zupy. Gotuj, mieszając, przez kolejne 4 minuty, aż zupa będzie gotowa

opłukać, następnie doprawić solą i pieprzem. Podaje się posypane natką pietruszki, sokiem z cytryny i sosem sojowym.

Zupa z kluskami imbirowymi

dla 4 osób

5 cm startego korzenia imbiru
350 g / 12 uncji brązowego cukru
1,5 l / 2½ pt. / 7 szklanek wody
225 g / 8 uncji / 2 szklanki mąki ryżowej
2,5 ml / ½ łyżeczki soli
60 ml / 4 łyżki wody

Imbir, cukier i wodę włóż do rondla i zagotuj, cały czas mieszając. Przykryć i dusić przez około 20 minut. Odcedź zupę i wlej ją z powrotem na patelnię.

W międzyczasie do miski wsyp mąkę i sól, a następnie stopniowo zagniataj ciasto z taką ilością wody, aby powstało gęste ciasto. Formuj małe kulki i wrzucaj je do zupy. Doprowadź zupę do wrzenia, przykryj i gotuj na wolnym ogniu przez kolejne 6 minut, aż kluski będą ugotowane.

gorąca i kwaśna zupa

dla 4 osób

8 suszonych grzybów chińskich

1 l / 1¾ pt. / 4¼ szklanki bulionu z kurczaka

100 g kurczaka pokrojonego w paski

100 g pędów bambusa pokrojonych w paski

100 g tofu, pokrojonego w paski

15 ml/1 łyżka sosu sojowego

30 ml / 2 łyżki octu winnego

30 ml / 2 łyżki mąki kukurydzianej (skrobi kukurydzianej)

2 ubite jajka

kilka kropli oleju sezamowego

Grzyby namoczyć w ciepłej wodzie na 30 minut, następnie odcedzić. Odrzuć łodygi, a wierzch pokrój w paski. Zagotuj grzyby, bulion, kurczaka, pędy bambusa i tofu, przykryj i gotuj na wolnym ogniu przez 10 minut. Sos sojowy, ocet winny i mąkę kukurydzianą wymieszaj na gładką masę, dodaj do zupy i gotuj na wolnym ogniu przez 2 minuty, aż zupa stanie się przezroczysta. Powoli dodawaj jajko i olej sezamowy, mieszając wykałaczką. Przykryj i odstaw na 2 minuty przed podaniem.

Zupa grzybowa

dla 4 osób

15 suszonych grzybów chińskich
1,5 l / 2½ pt. / 6 szklanek zupy z kurczaka
5 ml/1 łyżeczka soli

Grzyby namoczyć w ciepłej wodzie przez 30 minut, następnie odcedzić i zachować płyn. Odrzuć łodygi, przekrój wierzchołki na pół, jeśli są duże, i umieść je w dużej żaroodpornej misce. Połóż naczynie na ruszcie w piekarniku parowym. Bulion zagotować, zalać nim grzyby, przykryć i gotować nad wrzącą wodą przez 1 godzinę. Dodać sól do smaku i podawać.

Zupa grzybowo-kapuściana

dla 4 osób

25 g / 1 uncja suszonych grzybów chińskich
15 ml/1 łyżka oleju arachidowego
50 g startych liści chińskich
15 ml/1 łyżka wina ryżowego lub wytrawnego sherry
15 ml/1 łyżka sosu sojowego
1,2 l / 2 punkty / 5 szklanek rosołu lub zupy jarzynowej
sól i świeżo zmielony pieprz
5 ml/1 łyżeczka oleju sezamowego

Grzyby namoczyć w ciepłej wodzie na 30 minut, następnie odcedzić. Odrzuć łodygi i odetnij wierzchołki. Rozgrzej olej i smaż grzyby i liście chińskie przez 2 minuty, aż będą dobrze pokryte. Dodaj wino lub sherry i sos sojowy, następnie dodaj bulion. Doprowadź do wrzenia, dodaj sól i pieprz do smaku i gotuj przez 5 minut. Przed podaniem skrop olejem sezamowym.

Zupa jajeczna z grzybami

dla 4 osób

1 l / 1¾ pt. / 4¼ szklanki bulionu z kurczaka
30 ml / 2 łyżki mąki kukurydzianej (skrobi kukurydzianej)
100 g grzybów pokrojonych w plasterki
1 plasterek czerwonej cebuli, drobno posiekany
szczypta soli
3 krople oleju sezamowego
2,5 ml / ½ łyżeczki sosu sojowego
1 ubite jajko

Wymieszaj odrobinę bulionu ze skrobią kukurydzianą, następnie wymieszaj wszystkie składniki oprócz jajka. Doprowadzić do wrzenia, przykryć i gotować na małym ogniu przez 5 minut. Dodać jajko, wymieszać wykałaczką tak, aby z jajka utworzyły się nitki. Zdejmij z ognia i odstaw na 2 minuty przed podaniem.

Zupa kasztanowa z grzybami i wodą

dla 4 osób

1 l / 1¾ pt / 4¼ szklanki bulionu warzywnego lub wody
2 drobno posiekane cebule
5 ml / 1 łyżeczka wina ryżowego lub wytrawnego sherry
30 ml/2 łyżki sosu sojowego
225 g grzybów
100 g kasztanów wodnych, pokrojonych w plasterki
100 g pędów bambusa, pokrojonych w plasterki
kilka kropli oleju sezamowego
2 liście sałaty, pokrojone w kostkę
2 cebule dymki (cebule), pokrojone w kostkę

Wodę, cebulę, wino lub sherry i sos sojowy zagotować, przykryć i gotować na wolnym ogniu przez 10 minut. Dodać grzyby, kasztany wodne i pędy bambusa, przykryć i dusić przez 5 minut. Dodać olej sezamowy, liście sałaty i dymkę, zdjąć z ognia, przykryć i odstawić na 1 minutę przed podaniem.

Zupa wieprzowo-grzybowa

dla 4 osób

60 ml / 4 łyżki oleju arachidowego
1 zmiażdżony ząbek czosnku
2 drobno posiekane cebule
225 g chudej wieprzowiny pokrojonej w paski
1 łodyga selera, posiekana
50 g grzybów pokrojonych w plasterki
2 pokrojone marchewki
1,2 l / 2 punkty / 5 szklanek bulionu wołowego
15 ml/1 łyżka sosu sojowego
sól i świeżo zmielony pieprz
15 ml / 1 łyżka mąki kukurydzianej (skrobi kukurydzianej)

Rozgrzej oliwę i podsmaż czosnek, cebulę i wieprzowinę, aż cebula będzie miękka i lekko rumiana. Dodać seler, pieczarki i marchewkę, przykryć i dusić przez 10 minut. Bulion zagotować, następnie wlać na patelnię z sosem sojowym i dodać sól i pieprz do smaku. Mąkę kukurydzianą wymieszaj z odrobiną wody, następnie wsyp ją na patelnię i gotuj na małym ogniu, mieszając, przez około 5 minut.

Zupa wieprzowa i rzeżucha

dla 4 osób

1,5 l / 2½ pt. / 6 szklanek zupy z kurczaka
100 g chudej wieprzowiny pokrojonej w paski
3 łodygi selera pokrojone ukośnie
2 szalotki (cebula), pokrojone w plasterki
1 pęczek rzeżuchy
5 ml/1 łyżeczka soli

Zagotuj bulion, dodaj wieprzowinę i seler, przykryj i gotuj na wolnym ogniu przez 15 minut. Dodać szczypiorek, rzeżuchę i sól i pozostawić na małym ogniu pod przykryciem na około 4 minuty.

Zupa wieprzowa i ogórkowa

dla 4 osób

100 g chudej wieprzowiny pokrojonej w cienkie plasterki
5 ml / 1 łyżeczka mąki kukurydzianej (skrobi kukurydzianej)
15 ml/1 łyżka sosu sojowego
15 ml/1 łyżka wina ryżowego lub wytrawnego sherry
1 ogórek
1,5 l / 2½ pt. / 6 szklanek zupy z kurczaka
5 ml/1 łyżeczka soli

Wymieszaj wieprzowinę, olej, sos sojowy i wino lub sherry. Mieszaj, aby pokryć wieprzowinę. Ogórka obierz i przekrój wzdłuż na pół, następnie usuń nasiona. Pokrój w grube plasterki. Zagotuj bulion, dodaj wieprzowinę, przykryj i gotuj na wolnym ogniu przez 10 minut. Dodaj ogórek i smaż przez kilka minut, aż będzie przezroczysty. W razie potrzeby dodaj sól i trochę więcej sosu sojowego.

Zupa z kulkami wieprzowymi i makaronem

dla 4 osób

50 g makaronu ryżowego
225 g mielonej wieprzowiny (mielonej)
5 ml / 1 łyżeczka mąki kukurydzianej (skrobi kukurydzianej)
2,5 ml / ½ łyżeczki soli
30 ml / 2 łyżki wody
1,5 l / 2½ pt. / 6 szklanek zupy z kurczaka
1 dymka (cebula), drobno posiekana
5 ml/1 łyżeczka sosu sojowego

Ciasto namocz w zimnej wodzie, aż uformują się kotleciki. Wymieszaj wieprzowinę, skrobię kukurydzianą, odrobinę soli i wody i uformuj kulki wielkości orzecha włoskiego. W garnku zagotuj wodę, włóż kulki wieprzowe, przykryj i gotuj przez 5 minut. Dobrze odcedź i odcedź makaron. Zagotuj bulion, dodaj klopsiki i makaron, przykryj i gotuj na wolnym ogniu przez 5 minut. Dodaj cebulę, sos sojowy i pozostałą sól i smaż przez kolejne 2 minuty.

Zupa szpinakowa i tofu

dla 4 osób

1,2 l / 2 punkty / 5 szklanek rosołu

200 g pomidorów z puszki, odsączonych i posiekanych

225 g tofu, pokrojonego w kostkę

225 g posiekanego szpinaku

30 ml/2 łyżki sosu sojowego

5 ml/1 łyżeczka brązowego cukru

sól i świeżo zmielony pieprz

Zagotuj bulion, następnie dodaj pomidory, tofu i szpinak i delikatnie wymieszaj. Ponownie zagotuj i gotuj przez 5 minut. Dodać sos sojowy i cukier, doprawić solą i pieprzem do smaku. Gotować przez 1 minutę przed podaniem.

Zupa ze słodkiej kukurydzy i krabów

dla 4 osób

1,2 l / 2 punkty / 5 szklanek rosołu

200 g kukurydzy cukrowej

sól i świeżo zmielony pieprz

1 ubite jajko

200 g mięsa kraba, płatki

3 szalotki, drobno posiekane

Bulion zagotować, dodać kukurydzę doprawioną solą i pieprzem. Gotuj na małym ogniu przez 5 minut. Tuż przed podaniem roztrzep jajka widelcem i roztrzep je na wierzchu zupy. Podaje się go posypanego mięsem kraba i posiekaną szalotką.

Zupa syczuańska

dla 4 osób

4 suszone grzyby chińskie
1,5 l / 2½ pt. / 6 szklanek zupy z kurczaka
75 ml / 5 łyżek białego wytrawnego wina
15 ml/1 łyżka sosu sojowego
2,5 ml / ½ łyżeczki sosu chili
30 ml / 2 łyżki mąki kukurydzianej (skrobi kukurydzianej)
60 ml / 4 łyżki wody
100 g chudej wieprzowiny pokrojonej w paski
50 g gotowanej szynki, pokrojonej w paski
1 czerwona papryka pokrojona w paski
50 g kasztanów wodnych, pokrojonych w plasterki
10 ml / 2 łyżeczki octu winnego
5 ml/1 łyżeczka oleju sezamowego
1 ubite jajko
100 g krewetek w skorupkach
6 dymek (cebul), drobno posiekanych
175 g tofu, pokrojonego w kostkę

Grzyby namoczyć w ciepłej wodzie na 30 minut, następnie odcedzić. Odrzuć łodygi i odetnij wierzchołki. Przynieś bulion, wino, soję

Zagotuj salsę i sos chili, przykryj i gotuj na wolnym ogniu przez 5 minut. Mąkę kukurydzianą wymieszać z połową wody i dodać do zupy, mieszając, aż zupa zgęstnieje. Dodać grzyby, wieprzowinę, szynkę, paprykę i kasztany wodne i dusić przez 5 minut. Dodaj ocet winny i olej sezamowy. Jajko ubić z pozostałą wodą i wlać do zupy, energicznie mieszając. Dodaj krewetki, cebulę i tofu i smaż przez kilka minut, aż się podgrzeją.

zupa tofu

dla 4 osób

1,5 l / 2½ pt. / 6 szklanek zupy z kurczaka

225 g tofu, pokrojonego w kostkę

5 ml/1 łyżeczka soli

5 ml/1 łyżeczka sosu sojowego

Zagotuj bulion, dodaj tofu, sól i sos sojowy. Gotuj przez kilka minut, aż tofu będzie gorące.

Zupa tofu i rybna

dla 4 osób

225 g filetów z białej ryby, pokrojonych w paski

150 ml / ¼ pt / hojne ½ szklanki wina ryżowego lub wytrawnego sherry

10 ml / 2 łyżeczki drobno posiekanego korzenia imbiru

45 ml / 3 łyżki sosu sojowego

2,5 ml / ½ łyżeczki soli

60 ml / 4 łyżki oleju arachidowego

2 drobno posiekane cebule

100 g grzybów pokrojonych w plasterki

1,2 l / 2 punkty / 5 szklanek rosołu

100 g tofu, pokrojonego w kostkę

sól i świeżo zmielony pieprz

Rybę włóż do miski. Dodaj wino lub sherry, imbir, sos sojowy i sól i polej rybę. Pozostawić do maceracji na 30 minut. Rozgrzej olej i smaż cebulę przez 2 minuty. Dodaj grzyby i kontynuuj smażenie, aż cebula będzie miękka, ale nie brązowa. Dodać rybę i marynatę, doprowadzić do wrzenia, przykryć i dusić przez 5 minut. Dodać bulion, doprowadzić do wrzenia, przykryć i gotować na wolnym ogniu przez 15 minut. Dodać tofu i doprawić solą i pieprzem do smaku. Gotuj na małym ogniu, aż tofu będzie ugotowane.

Zupa pomidorowa

dla 4 osób

400 g pomidorów, odsączonych i posiekanych
1,2 l / 2 punkty / 5 szklanek rosołu
1 plasterek korzenia imbiru, posiekany
15 ml/1 łyżka sosu sojowego
15 ml/1 łyżka sosu chili
10 ml / 2 łyżeczki cukru

Wszystkie składniki wrzucamy do rondelka i doprowadzamy do powolnego wrzenia, od czasu do czasu mieszając. Przed podaniem gotować około 10 minut.

Zupa pomidorowo-szpinakowa

dla 4 osób

1,2 l / 2 punkty / 5 szklanek rosołu
225 g pomidorów z puszki, pokrojonych w kostkę
225 g tofu, pokrojonego w kostkę
225 g szpinaku
30 ml/2 łyżki sosu sojowego
sól i świeżo zmielony pieprz
2,5 ml / ½ łyżeczki cukru
2,5 ml / ½ łyżeczki wina ryżowego lub wytrawnego sherry

Zagotuj bulion, następnie dodaj pomidory, tofu i szpinak i gotuj na wolnym ogniu przez 2 minuty. Dodać resztę składników, gotować 2 minuty, następnie dobrze wymieszać i podawać.

zupa z rzepy

dla 4 osób

1 l / 1¾ pt. / 4¼ szklanki bulionu z kurczaka
1 duża rzepa, pokrojona w cienkie plasterki
200 g chudej wieprzowiny pokrojonej w cienkie plasterki
15 ml/1 łyżka sosu sojowego
60 ml / 4 łyżki koniaku
sól i świeżo zmielony pieprz
4 szalotki, drobno posiekane

Zagotuj bulion, dodaj rzepę i wieprzowinę, przykryj i gotuj na wolnym ogniu przez 20 minut, aż rzepa będzie miękka, a mięso miękkie. Dodać sos sojowy i doprawić brandy do smaku. Gotować na gorąco, posypując szalotką, aż będzie gotowy do podania.

Zupa warzywna

dla 4 osób

6 suszonych grzybów chińskich
1 l / 1¾ pt / 4¼ szklanki bulionu warzywnego
50 g pędów bambusa pokrojonych w paski
50 g kasztanów wodnych, pokrojonych w plasterki
8 groszku śnieżnego, pokrojonego w plasterki
5 ml/1 łyżeczka sosu sojowego

Grzyby namoczyć w ciepłej wodzie na 30 minut, następnie odcedzić. Odrzuć łodygi, a wierzch pokrój w paski. Dodać do zupy z pędami bambusa i kasztanami wodnymi, następnie doprowadzić do wrzenia, przykryć i gotować przez 10 minut. Dodaj groszek śnieżny i sos sojowy, przykryj i gotuj przez 2 minuty. Przed podaniem odstaw na 2 minuty.

zupa wegetariańska

dla 4 osób

¼ białej kapusty
2 marchewki
3 łodygi selera
2 cebule dymki (cebula)
30 ml / 2 łyżki oleju arachidowego
1,5 l / 2½ pt. / 6 szklanek wody
15 ml/1 łyżka sosu sojowego
15 ml/1 łyżka wina ryżowego lub wytrawnego sherry
5 ml/1 łyżeczka soli
świeżo zmielony pieprz

Warzywa pokroić w paski. Rozgrzej olej i smaż warzywa przez 2 minuty, aż zaczną mięknąć. Dodać pozostałe składniki, doprowadzić do wrzenia, przykryć i dusić przez 15 minut.

zupa chrzanowa

dla 4 osób

1 l / 1¾ pt. / 4¼ szklanki bulionu z kurczaka
1 drobno posiekana cebula
1 łodyga selera, posiekana
225 g rzeżuchy wodnej, posiekanej
sól i świeżo zmielony pieprz

Bulion, cebulę i seler zagotuj, przykryj i gotuj na wolnym ogniu przez 15 minut. Dodać rzeżuchę, przykryć i dusić przez 5 minut. Doprawić solą i pieprzem.

Smażona ryba z warzywami

dla 4 osób

4 suszone grzyby chińskie
4 całe ryby, oczyszczone i ołuskowane
olej do gotowania
30 ml / 2 łyżki mąki kukurydzianej (skrobi kukurydzianej)
45 ml / 3 łyżki oleju arachidowego (orzeszki ziemne)
100 g pędów bambusa pokrojonych w paski
50 g kasztanów wodnych, pokrojonych w paski
50 g bok choy, posiekanej
2 plasterki korzenia imbiru, posiekane
30 ml / 2 łyżki wina ryżowego lub wytrawnego sherry
30 ml / 2 łyżki wody
15 ml/1 łyżka sosu sojowego
5 ml/1 łyżeczka cukru
120 ml / 4 uncje / ¬Ω szklanki soku rybnego
sól i świeżo zmielony pieprz
¬Ω główki sałaty, posiekane
15 ml / 1 łyżka posiekanej natki pietruszki

Grzyby namoczyć w ciepłej wodzie na 30 minut, następnie odcedzić. Odrzuć łodygi i odetnij wierzchołki. Rybę przekrój na pół

mąka kukurydziana i strząśnij jej nadmiar. Rozgrzej olej i smaż rybę przez około 12 minut, aż będzie ugotowana. Odsączyć na papierze kuchennym i trzymać w cieple.

Rozgrzać olej i smażyć grzyby, pędy bambusa, kasztany wodne i kapustę przez 3 minuty. Dodać imbir, wino lub sherry, 15 ml / 1 łyżkę wody, sos sojowy i cukier, gotować 1 minutę. Dodać bulion, sól i pieprz, doprowadzić do wrzenia, przykryć i dusić przez 3 minuty. Kaszę kukurydzianą wymieszać z pozostałą wodą, wsypać na patelnię i smażyć, mieszając, na małym ogniu, aż sos zgęstnieje. Sałatkę wyłóż na półmisek i połóż na niej rybę. Polać warzywami i sosem i podawać udekorowane natką pietruszki.

Cała smażona ryba

dla 4 osób

1 duży okoń lub podobna ryba
45 ml / 3 łyżki mąki kukurydzianej (skrobi kukurydzianej)
45 ml / 3 łyżki oleju arachidowego (orzeszki ziemne)
1 drobno posiekana cebula
2 ząbki posiekanego czosnku
50 g szynki pokrojonej w paski
100 g krewetek w skorupkach
15 ml/1 łyżka sosu sojowego
15 ml/1 łyżka wina ryżowego lub wytrawnego sherry
5 ml/1 łyżeczka cukru
5 ml/1 łyżeczka soli

Posyp rybę mąką kukurydzianą. Rozgrzej oliwę i podsmaż cebulę i czosnek, aż staną się lekko złociste. Dodaj rybę i smaż z obu stron, aż się zarumieni. Przełóż rybę na blachę z folii aluminiowej i połóż na niej szynkę i krewetki. Dodaj sos sojowy, wino lub sherry, cukier i sól na patelnię i dobrze wymieszaj. Polać rybę, przykryć folią aluminiową i piec w piekarniku nagrzanym do 150°C/300°F/poziom gazu 2 przez 20 minut.

nad gotowaną na parze soją

dla 4 osób

1 duży okoń lub podobna ryba

sól

50 g / 2 uncje / ¬Ω szklanki mąki zwykłej (uniwersalnej)

60 ml / 4 łyżki oleju arachidowego

3 plasterki korzenia imbiru, posiekane

3 szalotki (obrane), drobno posiekane

250 ml / 8 uncji / 1 szklanka wody

45 ml / 3 łyżki sosu sojowego

15 ml/1 łyżka wina ryżowego lub wytrawnego sherry

2,5 ml / ¬Ω łyżeczki cukru

Rybę oczyść, umyj i włóż po przekątnej z obu stron. Posypać solą i odstawić na 10 minut. Rozgrzej olej i smaż rybę do zarumienienia z obu stron, obracając raz i polewając olejem podczas smażenia. Dodać imbir, szczypiorek, wodę, sos sojowy, wino lub sherry i cukier, doprowadzić do wrzenia, przykryć i dusić przez 20 minut, aż ryba będzie miękka. Podawać na gorąco lub na zimno.

Ryba sojowa z sosem ostrygowym

dla 4 osób

1 duży okoń lub podobna ryba
sól
60 ml / 4 łyżki oleju arachidowego
3 szalotki (obrane), drobno posiekane
2 plasterki korzenia imbiru, posiekane
1 zmiażdżony ząbek czosnku
45 ml / 3 łyżki sosu ostrygowego
30 ml/2 łyżki sosu sojowego
5 ml/1 łyżeczka cukru
250 ml / 8 uncji / 1 szklanka bulionu rybnego

Rybę oczyszcza się, sortuje i nacina kilka razy ukośnie po obu stronach. Posypać solą i odstawić na 10 minut. Rozgrzewamy większość oleju i smażymy rybę z obu stron do zarumienienia, raz przewracając. W międzyczasie na osobnej patelni rozgrzej pozostały olej i delikatnie podsmaż na nim cebulę, imbir i czosnek. Dodać sos ostrygowy, sos sojowy i cukier i smażyć przez 1 minutę. Dodać bulion i doprowadzić do wrzenia. Powstałą mieszaniną polej smażoną rybę, zagotuj, przykryj i gotuj przez ok

15 minut, aż ryba będzie ugotowana, obracając raz lub dwa razy w trakcie gotowania.

pod parą

dla 4 osób

1 duży okoń lub podobna ryba

2,25 l / 4 punkty / 10 szklanek wody

3 plasterki korzenia imbiru, posiekane

15 ml/1 łyżka soli

15 ml/1 łyżka wina ryżowego lub wytrawnego sherry

30 ml / 2 łyżki oleju arachidowego

Oczyść i umyj rybę, a następnie wykonaj kilka ukośnych nacięć po obu stronach. W dużym rondlu zagotuj wodę i dodaj resztę składników. Opuść rybę do wody, szczelnie przykryj, wyłącz ogień i odstaw na 30 minut, aż ryba będzie miękka.

Ryba na parze z grzybami

dla 4 osób

4 suszone grzyby chińskie
1 duży karp lub podobna ryba
sól
45 ml / 3 łyżki oleju arachidowego (orzeszki ziemne)
2 szalotki (nieprzezroczyste), drobno posiekane
1 plasterek korzenia imbiru, posiekany
3 ząbki czosnku, posiekane
100 g pędów bambusa pokrojonych w paski
250 ml / 8 uncji / 1 szklanka bulionu rybnego
30 ml/2 łyżki sosu sojowego
15 ml/1 łyżka wina ryżowego lub wytrawnego sherry
2,5 ml / ¬Ω łyżeczki cukru

Grzyby namoczyć w ciepłej wodzie na 30 minut, następnie odcedzić. Odrzuć łodygi i odetnij wierzchołki. Rybę przeciąć kilka razy po obu stronach, posypać solą i odstawić na 10 minut. Rozgrzej olej i smaż rybę z obu stron, aż lekko się zarumieni. Dodać cebulę dymkę, imbir i czosnek i smażyć przez 2 minuty. Dodać pozostałe składniki, zagotować, przykryć i gotuj na wolnym ogniu przez 15 minut, aż ryba będzie ugotowana, obracając raz lub dwa razy i od czasu do czasu mieszając.

Słodko kwaśna ryba

dla 4 osób

1 duży okoń lub podobna ryba
1 ubite jajko
50 g mąki kukurydzianej (skrobi kukurydzianej)
olej do smażenia

Na sos:

15 ml/1 łyżka oleju arachidowego
1 zielona papryka pokrojona w paski
100 g kawałków ananasa zakonserwowanych w syropie
1 cebula, pokrojona w krążki
100 g / 4 uncje / ¬Ω szklanki brązowego cukru
60 ml / 4 łyżki bulionu z kurczaka
60 ml / 4 łyżki octu winnego
15 ml / 1 łyżka koncentratu pomidorowego (pasty)
15 ml / 1 łyżka mąki kukurydzianej (skrobi kukurydzianej)
15 ml/1 łyżka sosu sojowego
3 szalotki (obrane), drobno posiekane

Oczyść rybę, w razie potrzeby usuń płetwy i głowę. Posmarować roztrzepanym jajkiem, a następnie maślanką. Rozgrzej olej i dobrze usmaż rybę. Dobrze odcedź i trzymaj w cieple.

Aby przygotować sos, rozgrzej olej i smaż w nim paprykę, odsączonego ananasa i cebulę przez 4 minuty. Dodaj 2 łyżki/30 ml syropu ananasowego, cukier, bulion, ocet winny, koncentrat pomidorowy, skrobię kukurydzianą i sos sojowy, następnie zagotuj, mieszając. Gotuj na małym ogniu, mieszając, aż sos się rozrzedzi i zgęstnieje. Polej rybę i podawaj posypaną szczypiorkiem.

Ryba faszerowana wieprzowiną

dla 4 osób

1 duży karp lub podobna ryba

sól

100 g mielonej wieprzowiny (mielonej)

1 dymka (cebula), drobno posiekana

4 plasterki korzenia imbiru, posiekane

15 ml / 1 łyżka mąki kukurydzianej (skrobi kukurydzianej)

60 ml/4 łyżki sosu sojowego

15 ml/1 łyżka wina ryżowego lub wytrawnego sherry

5 ml/1 łyżeczka cukru

75 ml / 5 łyżek oleju arachidowego (orzeszki ziemne)

2 ząbki posiekanego czosnku

1 pokrojona cebula

300 ml / ¬Ω pt / 1¬° szklanki wody

Rybę oczyszcza się, łuska i posypuje solą. Wymieszać wieprzowinę, dymkę, odrobinę imbiru, skrobię kukurydzianą, 15 ml / 1 łyżkę sosu sojowego, wino lub sherry i cukier, nafaszerować rybę. Rozgrzać olej i smażyć rybę z obu stron do lekkiego zarumienienia, następnie zdjąć z patelni i odsączyć większość oleju. Dodać resztę czosnku i imbiru i smażyć do lekkiego zrumienienia.

Dodać pozostały sos sojowy i wodę, doprowadzić do wrzenia i gotować na wolnym ogniu przez 2 minuty. Włóż rybę z powrotem na patelnię, przykryj i gotuj na wolnym ogniu przez około 30 minut, aż ryba będzie ugotowana, obracając raz lub dwa razy.

pikantny karp gotowany na parze

dla 4 osób

1 duży karp lub podobna ryba
150 ml / ¬° pt / ¬Ω hojna filiżanka oleju arachidowego
15ml/1 łyżka cukru
2 ząbki czosnku, drobno posiekane
100 g pędów bambusa, pokrojonych w plasterki
150 ml / ¬° pt / ¬Ω obfita filiżanka zupy rybnej
15 ml/1 łyżka wina ryżowego lub wytrawnego sherry
15 ml/1 łyżka sosu sojowego
2 szalotki (nieprzezroczyste), drobno posiekane
1 plasterek korzenia imbiru, posiekany
15 ml / 1 łyżka soli octu winnego

Rybę oczyszcza się, łuska i moczy w zimnej wodzie przez kilka godzin. Odcedź i osusz, a następnie wykonaj kilka nacięć po obu stronach. Rozgrzewamy olej i smażymy rybę z obu stron. Zdjąć z patelni, wlać i zachować całość oprócz 30 ml/2 łyżki oleju. Do rondelka wsyp cukier i mieszaj, aż masa się ściemnieje. Dodaj czosnek i pędy bambusa i dobrze wymieszaj. Dodać pozostałe składniki, doprowadzić do wrzenia, po czym włożyć rybę z powrotem na patelnię, przykryć i dusić przez około 15 minut, aż ryba będzie ugotowana.

Połóż rybę na rozgrzanym talerzu i polej sosem.

www.ingramcontent.com/pod-product-compliance
Lightning Source LLC
Chambersburg PA
CBHW070412120526
44590CB00014B/1371